Wijn

Concept	Jens Priewe, Fritz Hippe
Redactie	Angelika Schlenk, Philip Brengman
Vertaling	Johan De Roey
Vormgeving	Zero, München
Coverontwerp	Studio Lannoo
Fotografie	FoodPhotography Eising, Sebastian Hänel e.a.
Druk	Neue Stalling, Oldenburg

Printed in Germany

D/1999/45/321
ISBN 90 209 2824 4
NUGI 421

Jens Priewe

Wijn

een glasheldere inleiding voor de liefhebber

lannoo

Woord Vooraf

De jongste jaren is wijn populair geworden. De toenemende belangstelling blijkt niet alleen uit een kieskeuriger wijnconsumptie maar ook uit het groeiend aantal publikaties over wijn. Wat is het meest opvallende kenmerk van dergelijke boeken ? Ze werden door kenners voor kenners, door liefhebbers voor liefhebbers geschreven. Aan beginners, aan al wie nog maar pas de wijn ontdekt heeft, denken de meeste auteurs niet. Het lijkt wel alsof deze debutanten vol verwachting staan te wachten aan de poorten van een belangrijke universiteit en ... niet binnengelaten worden.

Dit boek is als een leerboek. Hierin wordt niet gepeild naar het diepste wezen en de grondbeginselen van de wijnkunde. Hier worden niet alle details minutieus uit de doeken gedaan. Hier wordt wel basisinformatie gegeven. De lezer leert hier waarom de most van rode en witte wijn een zelfde heldere kleur heeft, waarom zonneschijn helemaal niet de belangrijkste voorwaarde voor goede wijn is, of waarom rode wijn een goed hulpmiddel in de strijd tegen verhoogde cholesterol is. Dergelijke dingen worden kort en bondig uitgelegd in een taal die ook voor leken in wijnaangelegenheden verstaanbaar is. Ingewikkelde wisselwerkingen worden met didactische tekeningen verduidelijkt, zoals bijvoorbeeld wat er met de druiven in de kelder gebeurt. Bij dit alles had ik een duidelijk doel voor ogen : voorkomen dat 'de kennis van wijn tot wijnfanatici beperkt blijft', zoals de befaamde Britse wijnauteur Hugh Johnson het formuleert.

De jongste generatie is van een heel ander slag dan de vorige. Ze is nieuwsgieriger, minder bevooroordeeld en happiger op experimenten. Vandaag drinkt ze champagne, morgen prosecco. Een droge riesling uit Wachau lust ze even graag als een nobele, zoete sauternes. Gisteren nog liep ze warm voor een rode bordeaux en morgen staat er al een Californische of Australische cabernet sauvignon bovenaan op haar lijst. Men schampert wel eens : het zijn onbetrouwbare genieters. Men zou beter zeggen : het zijn drinkers die van afwisseling houden.

Dit 'leerboek' werd dus niet samengesteld vanuit een Duits, Italiaans of Frans standpunt. Ik heb geprobeerd de hele waaier van het wijngebeuren te ontvouwen en de speciale technieken en visies in bepaalde streken voor te stellen zoals ze in werkelijkheid zijn, namelijk onvermijdelijke, regionaal of cultureel bepaalde eigenaardigheden. In een tijd waarin een chasselas uit Vaud, een kremser grüner veltliner of een Duitse müller-thurgau concurreren met wijn uit Nieuw-Zeeland, Chili en Portugal, kan men de wijnkunde toch niet meer puur nationaal benaderen.

Jens Priewe

DE WIJNLANDEN

SPECIALE WIJNSOORTEN

PRAKTISCHE WIJNWIJZER

BEHANDELING VAN WIJN

AANHANGSEL

Wat is er zo speciaal aan wijn?

Vooraleer de wetenschap zijn bestanddelen definieerde, was wijn een godheid. Hij laafde, genas en troostte de mensen. Hij verwekte een roes. En goede wijn streelde de zinnen.

Veelal gaat dit vandaag nog altijd op, vooral dan wat het genot betreft. Maar de geletterde wereld vond het maar niets dat het edele druivenat zijn goddelijke aura zou behouden. Wel heeft ze, met het oog op het doorgronden van zijn goddelijke eigenschappen, de wijn tot in zijn kleinste molecule ontleed. De wetenschapslui hebben daarbij niets bovennatuurlijks aangetroffen maar des te meer bekende elementen. Samengevat luidde het: wijn is chemisch bekeken ethylalcohol in een waterige oplossing, die bestaat uit suiker, zuren, esters en lactaten. Dit is dus niks bijzonders. Maar één ding weet tot vandaag geen mens: hoe honderden geuren en aroma's in een harmonisch ensemble verenigd kunnen worden. Daarin schuilt het geheim van elke wijn. 'Wie tot genieten in staat is, drinkt geen wijn meer maar nuttigt mysteries', stelde de Spaanse schilder Salvador Dali terecht.

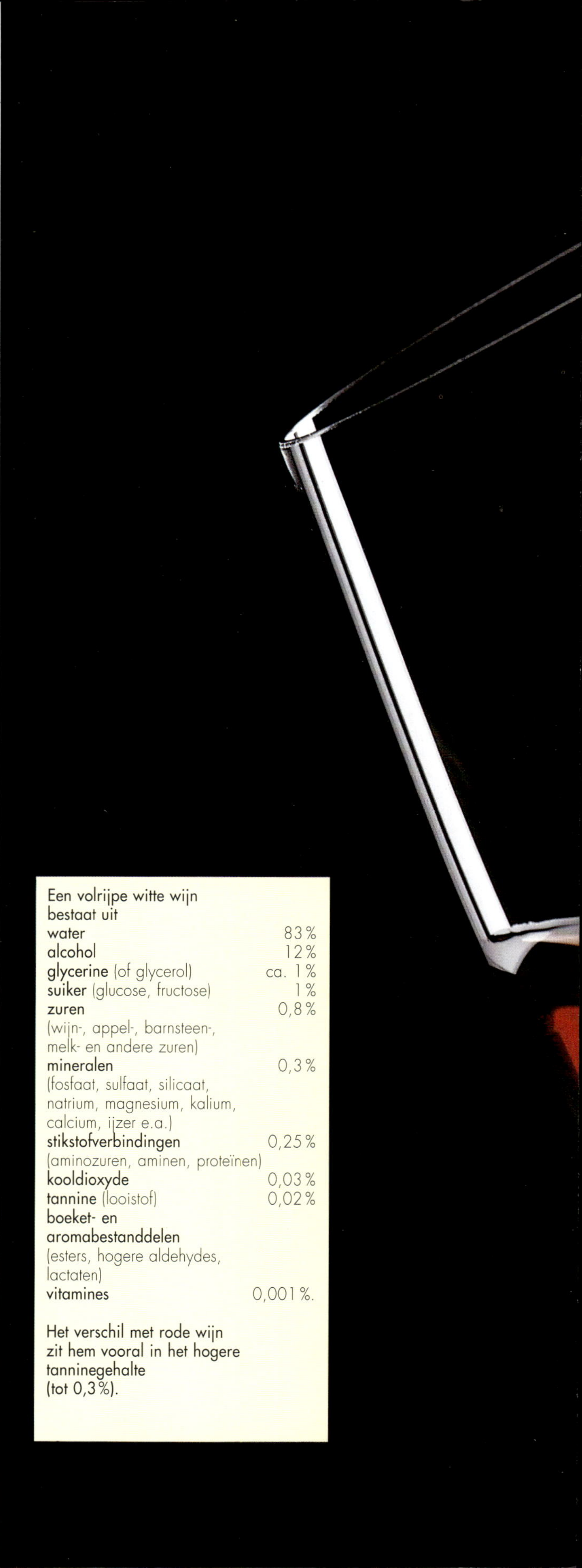

Een volrijpe witte wijn bestaat uit

water	83 %
alcohol	12 %
glycerine (of glycerol)	ca. 1 %
suiker (glucose, fructose)	1 %
zuren (wijn-, appel-, barnsteen-, melk- en andere zuren)	0,8 %
mineralen (fosfaat, sulfaat, silicaat, natrium, magnesium, kalium, calcium, ijzer e.a.)	0,3 %
stikstofverbindingen (aminozuren, aminen, proteïnen)	0,25 %
kooldioxyde	0,03 %
tannine (looistof)	0,02 %
boeket- en aromabestanddelen (esters, hogere aldehydes, lactaten)	
vitamines	0,001 %.

Het verschil met rode wijn zit hem vooral in het hogere tanninegehalte (tot 0,3 %).

Alleen de beste wijnstokrassen werden geselecteerd - althans dat dacht men

De wijnstokrassen, die men vandaag in de wijngaarden van de wereld aantreft, vormen het resultaat van een selectieproces dat al ongeveer 60 miljoen jaar geleden is begonnen. Eerst traden er verschillende ijstijden en klimaatswijzigingen in, die de bestaande wijnstokken deden verdwijnen en nieuwe deden ontspruiten. Daarna gingen vogels en zoogdieren op zoek naar in bossen groeiende wilde wijnstokken (in het Latijn: vitis silvestris) op basis van hun smaak en bereikbaarheid. Vervolgens kwam de mens er aan en hij koos voor bepaalde wijnstokken om in zijn tuin te telen, omdat ze de lekkerste druiven droegen of de beste wijn opleverden.
Zo ontstonden de eerste Europese teeltwijnstokken (vitis vinifera).

De selectie gaat verder.
Naarmate handel en verkeer toenamen en de volksverhuizingen hun beloop kregen, werden wijnstokken door handelaars, zeevaarders, krijgers en kolonisten in andere landen ingevoerd. Daar werden ze onderworpen aan nieuwe groeiomstandigheden: een ander klimaat, een andere bodemgesteldheid, andere ziekten.
Menige wijnstok ging er aan ten onder; slechts enkele konden zich aanpassen. Zo werd door de jongste eeuwen heen het aantal wijnstokrassen sterk gereduceerd. Vandaag vindt men geen wilde wijnstokken meer en zelfs het aantal voor wijnbouw geschikte rassen is sterk verminderd. De belangrijkste oorzaak daarvoor is de wijngaardluis-ravage, die Europa in 1850 overviel en in sommige streken duurde tot in 1930. Menig regionaal ras ging er onherroepelijk aan ten onder. Uiteindelijk bleven er ongeveer een duizendtal wijnstokrassen over. Daarvan wordt er slechts 15 procent in meldenswaardige aantallen verbouwd.

De strijd tegen de wijngaardluis.
De wijngaardluis heeft de wijnstokken van bij de wortel aangetast.
De Amerikaanse wijnstokken bezaten volgens wetenschappelijke vaststellingen onderstokken die immuun waren voor de wijngaardluis.
Dus beplantte men Europese wijngaarden met Amerikaanse wijnstokken en entte men Europese loten op Amerikaanse onderstokken. Sedertdien heeft de wijngaardluis zich in Europa niet meer kunnen doorzetten.

De tien meest voorkomende wijnstokrassen ter wereld

1.	**Airen**	wit	Spanje (La Mancha)
2.	**Garnacha, grenache**	rood	Spanje (Rioja), Frankrijk
3.	**Sultanina**	wit	VSA, Australië (likeurwijn)
4.	**Trebbiano, Ugni Blanc**	wit	Italië (Toscane e.a.), Frankrijk (Cognac)
5.	**Cariñena**	rood	Spanje (Avagón), Frankrijk
6.	**Merlot**	rood	Frankrijk, VSA (Californië), Australië, Zuid-Afrika
7.	**Cabernet sauvignon**	rood	Frankrijk, VSA (Californië), Australië, Zuid-Afrika, Chili
8.	**Sangiovese**	rood	Italië (Toscane, Emilia Romagna e.a.)
9.	**Tempranillo**	rood	Spanje (Rioja, Navarra e.a.)
10.	**Cataratto**	wit	Italië (Sicilië, o.a. Marsala)

Wijnstokkenteelt. Door de moderne teeltmethoden is de natuurlijke veelsoortigheid van elk ras aanzienlijk verminderd. De meest produktieve en de meest resistente of de vroegstrijpe planten werden uitgekozen, in groten getale gekweekt of met elkaar gekruist. Zo ontstond een klein assortiment van wijnstokken met hoog rendement. Daarmee werden de huidige wijngaarden beplant. Kwaliteitsnormen hebben in deze selectie niet altijd en overal een eersteplansrol gespeeld. Daarom zijn de uitstekende oude wijnstokken en hun kleine druiven met dikke schil weer zeer in trek bij wijnbouwers die hoge kwaliteitseisen stellen.

De oorsprong van wijnstok en wijn. De oudste vondsten inzake wijnbereiding werden gedaan in het huidige Syrië (wijnpersen uit 8000 v. Chr.) en in de zuidelijke uitlopers van de Kaukasus, in het huidige Georgië. Daar ontdekte men ondergrondse lemen wijnvaten die al in 6000 v. Chr. voor het opslaan van wijn gebruikt werden.
Maar men mag er zeker van uitgaan dat de Assyriërs en de Georgiërs niet de eerste wijnbouwers waren.
In Turkije en Perzië (Iran) werden druivepitten gevonden die volgens een radiologisch onderzoek stammen uit een periode tussen 10.000 en 8000 v. Chr.. Waarschijnlijk wisten nomaden al vóór die tijd dat het druivesap dat ze met zich meevoerden in geiteleren zakken een roes kon verwekken.
De eerste afbeeldingen over de wijnbereiding komen uit Egypte. Ook in de Jordaanvallei, in Armenië en op Kreta heeft men vroege getuigenissen over wijnbouw aangetroffen.

Een ware wijncultus is omstreeks 2000 v. Chr. in Griekenland ontstaan. De verering van de wijn was zo groot dat men hem een goddelijke gestalte wilde geven: Dionysos. De god van de planten werden verheven tot wijngod. Dionysos bouwde met zijn priesteressen wilde feesten in donkere bossen, waar niet alleen veel gedronken werd maar ook extatische dansen werden uitgevoerd en zinnelijke lusten werden botgevierd. Dionysos trok veel meer vereerders, vooral vrouwen, aan dan de Olympische goden. Bijwijlen had hij meer aanhang dan Apollo.

De naturalistische Bacchuscultus van de Romeinen is hiervan een voortzetting. In het heidense Rome gaf de cultus aanleiding tot decadente uitspattingen (promiscuïteit, ontrouw, moord). Uiteindelijk werd hij verboden maar later werd hij, onder druk van het volk, door Julius Caesar weer toegelaten. De opkomst van het christendom leidde tot vervolging van de Bacchusvereerders en de cultus werd voortaan afgedaan als heidens bijgeloof. Tot op vandaag wordt wijn in vele landen gelijkgeschakeld met gevaarlijke verdovende middelen.

De Griekse wijngod Dionysos, in Italië bekend onder de naam Bacchus, zoon van een god (Zeus) en een stervelinge (Semele, dochter van koning Cadmus van Thebe), kende veel verering en leidde tot een succesrijke wijncultus in Griekenland.

Mocht alleen zonneschijn goede wijn maken, dan zou de beste wijn op de evenaar verbouwd worden

Om klimatologische redenen wordt er slechts op twee smalle gordels ter wereld wijn verbouwd.
De breedste daarvan bevindt zich op het noordelijk halfrond vnl. tussen de 40ste en de 50ste breedtegraad. Daar vindt men de grootste Europese wijngaarden en de Noordamerikaanse wijnbouwzones. De smallere gordel vormt een kleine strook tussen de 45ste en de 30ste breedtegraad op het zuidelijk halfrond. Deze strook omvat wijnlanden als Chili, Argentinië, Zuid-Afrika, Australië en Nieuw-Zeeland. Tussen beide gordels is wijnbouw haast onmogelijk. Het is er te heet om wijnstokken aan te planten ; meestal is er ook te weinig neerslag.
De schaarse wijn die daar geteeld wordt, valt op door zijn hoog alcoholgehalte. Maar hij boet er frisheid en verfijning bij in.

Kwaliteitschampagne en Duitse riesling : twee wijnen die aan de noordkant van de noordelijke wijngordel verbouwd worden.

Neem nu de Noordafrikaanse rode wijn. Zijn hoog alcoholgehalte en zijn donkere kleur bestemmen hem voor om vermengd te worden met lichtere en flauwer gekleurde Europese wijnen.
In andere zones ten zuiden van de wijngordel heeft men zich toegelegd op de teelt van meer alcoholische likeurwijn, zoals de Spaanse sherry, de Portugese madeira, de Siciliaanse marsala, de Griekse likeurwijn uit Patras en op het eiland Samos en enkele zoete dessertwijnen uit Cyprus. Daarvoor is het klimaat op die breedtegraad ideaal. Maar er bestaan enkele uitzonderingen : als de wijnstokken op grotere hoogte (de circa 1000 meter hoog gelegen Bekaavallei in Libanon, de 800 meter hoge Golanheuvels in Israël of op 500 meter hoogte in Siciliaans berggebied) aangeplant worden, verkrijgt men zelfs ten zuiden van de 40ste breedtegraad, dus buiten de wijngordel, verfijnde wijn.

Begrenzing van de wijnbouw. Ten noorden van de 50ste breedtegraad ontbreken meestal licht en warmte om de wijnstokken te doen gedijen. Daar bestaat het gevaar dat de druiven niet rijp worden, dat de wijn zuur blijft. Alleen zeer gunstig gelegen valleien of hellingen zijn er geschikt voor de wijnbouw. Wijnbouwers hebben het in zulke gevallen over een mini-klimaat. In Duitsland geldt dit voor de Ahrvallei, voor de Rijnstreek tussen Bonn en Rüdesheim (Mittelrhein) of voor de noordelijke uitlopers van het Steigerwoud (Frankenland). Om de druiven te laten rijpen is er een minimum van 1300 zon-uren per jaar vereist. Dit komt overeen met een gemiddelde jaartemperatuur van 9° C. (vb. : in Berlijn bedraagt die 8,5° C.).

Late vorst als risicofactor. In de groeiperiode (maart-juli) is er niet minder dan 20.000 Lux nodig om aanpassing van de wijnstokken mogelijk te maken (zie pp.14&15). Deze waarde wordt ook bij betrokken lucht bereikt, als er licht weerkaatsende wateroppervlakten in de nabijheid zijn. De veel voorkomende late vorst (in de periode der IJsheiligen) en de koude winter (de Europese wijnstokken verdragen temperaturen tot 20° onder nul) betekenen een extra-risico voor de wijnbouw ten noorden van de Europese wijngordel. Door de kweek van vorstbestendige rassen (bv. de kernerwijnstokken) kan dat risico verminderd worden. Hoe dan ook boeken die rassen slechts een matig succes.

De grootste wijnlanden ter wereld

1.	Italië	65 milj. hectoliter
2.	Frankrijk	59 milj. hectoliter
3.	Spanje	40 milj. hectoliter
4.	Argentinië	20 milj. hectoliter
5.	GOS	18 milj. hectoliter
6.	VSA	16 milj. hectoliter
7.	Duitsland	11 milj. hectoliter
8.	Portugal	11 milj. hectoliter
9.	Zuid-Afrika	9 milj. hectoliter
10.	Roemenië	8 milj. hectoliter
11.	Hongarije	5 milj. hectoliter
12.	Australië	5 milj. hectoliter
13.	Chili	4 milj. hectoliter
14.	Griekenland	4 milj. hectoliter
15.	Brazilië	3 milj. hectoliter

Voordelen aan de randen van de gordels. Het is merkwaardig dat net aan randen van de wijnbouwgordels vaak interessante wijnen verbouwd worden. Neem nu de champagne, die zijn verfijning in niet geringe mate dankt aan zijn situering nabij de grens van de wijnbouwgordel, namelijk op de 47ste breedtegraad. Overdag is het daar wel warm maar 's nachts dalen de temperaturen sterk. De sterke temperatuurverschillen houden de zuren in stand. Zo verkrijgt de champagne de eigenschap die hem van andere schuimwijnen onderscheidt: verfijning. De jaartemperatuur in de streek bedraagt 10° C., maar 1 graad boven het minimum. De lichtheid en het hoge zuurgehalte van de Duitse riesling dankt men eveneens aan de ligging in het noordelijk grensgebied langs Rijn en Moezel (50ste breedtegraad). Hetzelfde merkt men in het zuidelijk halfrond.

In Australië neemt de wijnbouw toe aan de koelere zuidrand van de wijnbouwgordel.

In Nieuw-Zeeland vindt men de fijnste witte wijn op de koelere zuidelijke eilanden.

Aantal zon-uren per jaar	
Mosel-Saar-Ruwer	1534
Reims (Champagne)	1537
Tokay (Hongarije)	1770
Krems (Kamptal, Donauland)	1789
Kaiserstuhl (Baden)	1802
Merano (Zuid-Tirol)	1840
Rust (Oostenr. Burgenland)	1950
Mâcon (Bourgondië, Frankrijk)	1990
Bordeaux (Frankrijk)	2071
Napa Valley (VSA, Californië)	2110
Toscana (Italië)	2200
Barossa Valley (Australië)	2500
Languedoc (Frankrijk)	2600
Casablanca (Marokko)	3760

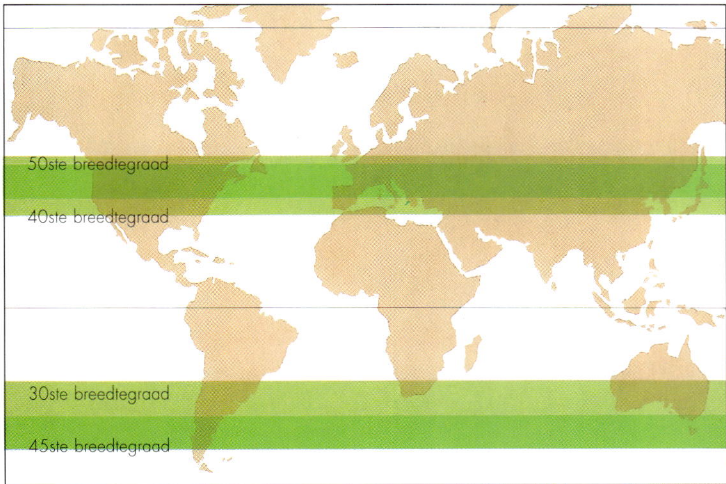

Wijnbouw is haast alleen mogelijk in de centrale wijnbouwgordels (donkergroen) en mits beperkingen in de rand der wijnbouwgordels (lichtgroen) van het noordelijk en zuidelijk halfrond.

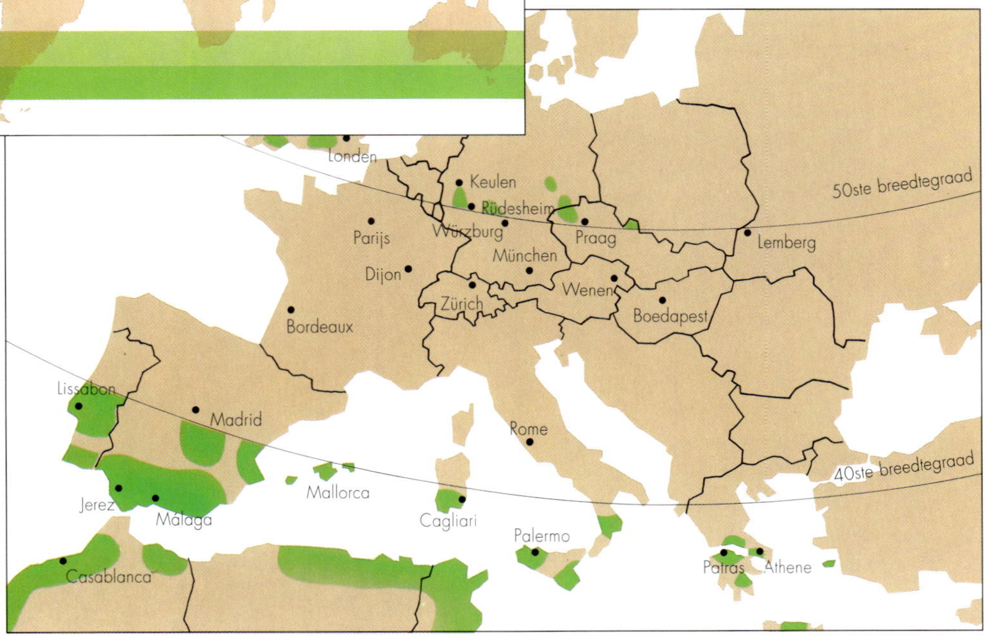

De Europese wijnbouwgordel ligt tussen de 40ste en de 50ste noordelijke breedtegraad. Buiten die zone is het voor de wijnbouw ofwel te warm ofwel te koud.

Belangrijkste produktie. De produktiestatistiek van de wijnbouwlanden toont aan dat de centrale wijnbouwgordels in het noordelijk en zuidelijk halfrond 98 procent van de wereldproduktie opleveren. Daarbuiten wordt maar weinig wijn verbouwd.

De speciale deugden van de wijnstok : soberheid en taaiheid

Dank zij zijn bekwaamheid om zich ook in het ongunstigste leefklimaat te handhaven, bekleedt de wijnstok een speciale plaats in de plantenwereld. De wijnstok overleeft zelfs op een uiterst schrale en dorre bodem, waarop geen ander landbouwgewas kan gedijen.
De kracht om te overleven, put hij in de eerste plaats uit zijn wortelstructuur. De wortels dringen dieper in de grond door dan die van om het even welke andere plant en zoeken daar wat ze in hogere grondlagen niet vinden : water, mineralen, stikstof. Omdat dit alles niet mogelijk is zonder een optimaalgebruik van het licht, heeft de wijnstok zich tot klimplant ontwikkeld.
Daar komt nog bij dat hij zeer taai is. In tegenstelling tot de meeste andere planten is de wijnstok met weinig tevreden en zeer hardnekkig. Daar heeft de mens veel waardering voor. Alleen een wijnstok die afziet, geeft goede wijn, beweert men. Het zal wel juist zijn, want hoe minder vruchten een wijnstok draagt, des te beter ze zijn.

1 De bloei.
De Europese wijnbouwranken zijn tweeslachtig. Want in elke bloeitijd produceren ze mannelijk stuifmeel en een vrouwelijk vruchtbeginsel. Zodoende kunnen ze zichzelf bevruchten. De Amerikaanse wijnbouwranken zijn éénslachtig. Insecten of de wind moeten de bevruchting mogelijk maken.

2 De bloesemknoppen.
De wijnstok produceert geen enkelvoudige bloem maar bloemtrossen, die men de bloesemknoppen noemt. Op elke tros met zijn 100 tot 150 aparte bloesems ontstaat een druiventros met een evenredig aantal druiven, althans als alle bloesems bevrucht worden. Slecht weer en gebrek aan voedingsstoffen kunnen de volledige bevruchting verhinderen. In dit geval draagt de tros later slechts weinig druiven.

3 Knoppen.
Aan de scheuten van het vorig jaar groeien in het voorjaar twee knoppen. In de wijnbouw noemt men die 'ogen'. Uit één oog groeit de zomerscheut, waaraan later een tros komt te hangen. Het andere oog blijft in zijn knopvormige staat. Het overwintert en zal in het volgende jaar een zomerscheut doen ontspruiten. Wijnbouwers noemen dit het 'winteroog'.

4 Wilde loten.
Uit de zomerscheut ontwikkelen zich ook verschillende wilde loten. Ze zijn korter dan de zomerscheut en dragen veelal geen druiven (en indien wel, dan rijpen deze niet). Zolang de wilde loten niet het overwicht behalen, laten de wijnbouwers ze staan. Want hun bladen zorgen voor suikertoevoer in de wijnstok en bevorderen zodoende indirect de rijping van de druiven. Als de zomerscheut te vroeg besnoeid wordt, wordt de groei van de wilde loten bevorderd en moeten ze met de hand verwijderd worden.

5 De oppervlaktewortels.
Haardunne wortels groeien al op enkele centimeters onder het aardoppervlak. Ze zorgen vooral voor de opname van water. Een jonge, eenjarige wijnstok heeft al gauw een vijfduizendtal zulke oppervlaktewortels.

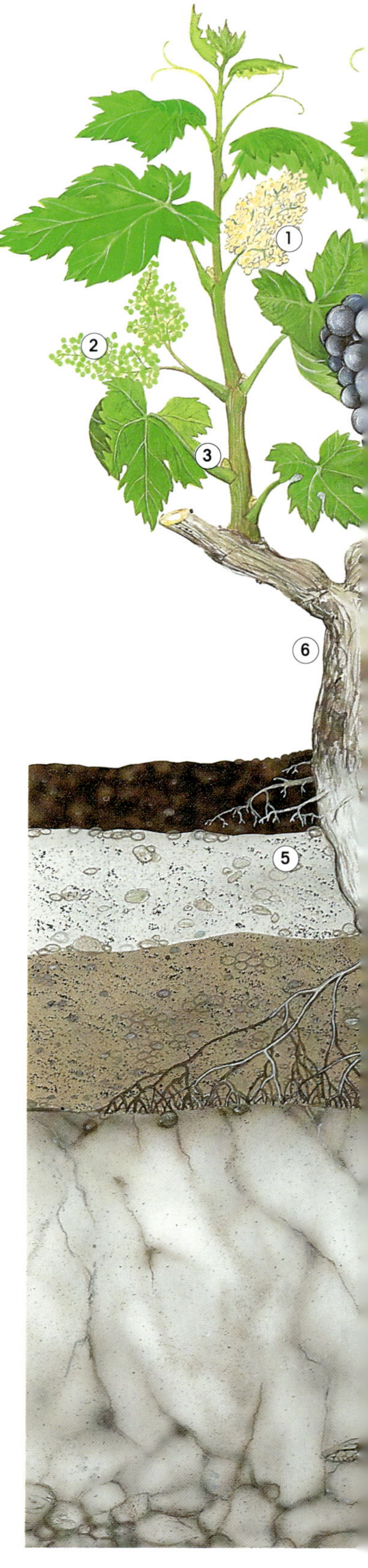

6 De stam van de wijnstok.
De stam of onderstok is de bovengrondse voortzetting van de wortel. Hij dient om de wijnstok overeind te houden maar vooral om voedingsstoffen door te geven. In de kern wordt het water van de wortels naar boven geleid en daaromheen worden voedingsstoffen naar beneden gevoerd om de wortels te versterken.

7 De trossen.
Aan elke zomerscheut groeien tot vier trossen. Veelal vermindert de wijnbouwer bij het snoeien dit aantal tot twee. De trossen bestaan uit houtachtige stengel, risten en druiven. De druiven blijven tot in de hoogzomer groen en hard. Slechts in de twee maanden voor de oogst verkleuren ze en worden ze zachter.

8 Bladeren.
Het bladgroen betrekt, zoals alle hogere plantensoorten, kooldioxyde uit de lucht en vormt het om tot een speciale suikersoort, de hexose. Hexose is onmisbaar voor de voeding van de wijnstok. Dit proces, fotosynthese genoemd, voltrekt zich overdag onder invloed van het licht. De bladeren fungeren dus als een soort zonnescherm. Een goede bladerengroei (200 tot 400 per wijnstok) is dus even belangrijk als voldoende lichtsterkte in het beteeld gebied (ideale waarde : 30.000 Lux). 's Nachts scheiden de bladeren water af - ongeveer 1,5 liter per 200 bladeren. Zodoende wordt het microklimaat van de wijngaard in stand gehouden en wordt bovendien ander, vers water uit de wortels opgezogen.

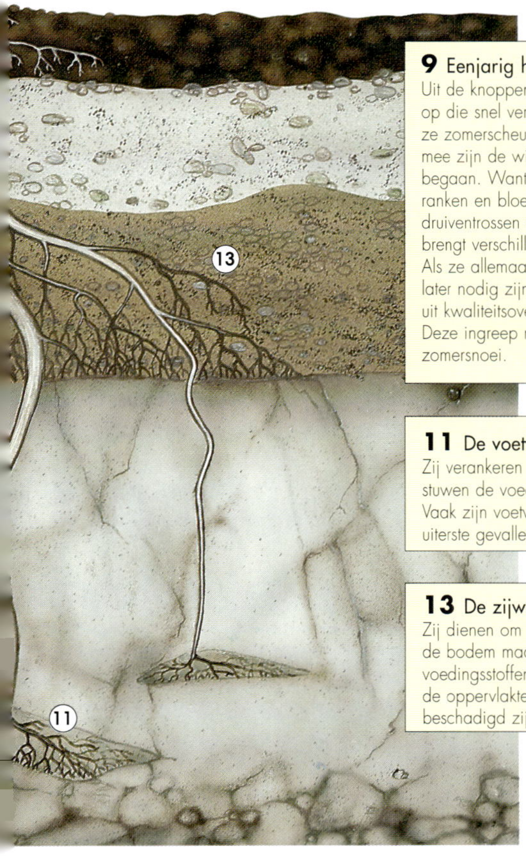

9 Eenjarig hout.
Uit de knoppen schieten groene scheuten op die snel verhouten. Wijnboeren noemen ze zomerscheuten of eenjarig hout. Daarmee zijn de wijnboeren ten zeerste begaan. Want daaraan groeien bladeren, ranken en bloesemknoppen, waaruit later druiventrossen ontstaan. Elke zomerscheut brengt verschillende bloesemknoppen voort. Als ze allemaal bevrucht worden, kan het later nodig zijn enkele, nog groene trossen uit kwaliteitsoverwegingen weg te snoeien. Deze ingreep noemen de wijnbouwers de zomersnoei.

10 Ranken.
De ranken zijn de grijporganen van de wijnstok. In de groeiperiode (maart tot juni) voeren ze draaiende bewegingen uit om houvast te krijgen. De uiteinden groeien daarbij zeer snel aan. Ze klampen zich aan alles vast wat houvast biedt. Met een schroevende draaibeweging wikkelen ze zich om draden en staken, zodat de wijnstok zich kan oprichten.

11 De voetwortels.
Zij verankeren de wijnstok in de diepte en stuwen de voedingstoffen naar boven toe. Vaak zijn voetwortels 5 meter lang en in uiterste gevallen zelfs 10 tot 20 meter.

12 Tweejarig hout.
Na de oogst wordt 90 procent van het eenjarig hout gesnoeid. De wijnbouwer laat slechts één of twee twijgen staan en die snoeit hij nog eens al dan niet drastisch bij. Aan de winterknoppen, die zich er op bevinden, ontspruit in de volgende lente de nieuwe zomerscheut. De oude scheut wordt dan het tweejarig hout en dient alleen nog om een reserve van voedingsstoffen op te slaan.

13 De zijwortels.
Zij dienen om de wijnstok vast te hechten in de bodem maar ook water op te nemen en voedingsstoffen door te geven, vooral als de oppervlaktewortels door grondbewerking beschadigd zijn.

Er bestaan veel landelijke en gewone wijnstokken maar slechts weinig edele

Geen mens kan precies zeggen hoeveel wijnstokrassen er bestaan. Wetenschapslui schatten hun aantal op meer dan 2000. Alleszins staan de tien meest verspreide rassen in voor meer dan 80 procent van de wereldwijnproduktie.

Elk ras levert een wijn op met andere geur- en smaakeigenschappen. En er is meer: een zelfde ras, in verschillende streken en op een andere bodem verbouwd, levert telkens een eigen, typische wijn op.

Neem nu de cabernet sauvignon. Deze druif levert in Bordeaux vrij stroeve wijnen met veel tannine op, in Californië wijnen met minder uitgesproken tannine, in Italië zoetere, fruitige wijnen, in Zuid-Afrika lichtere, delicate en vroeger consumeerbare wijnen, in Chili zeer fijne maar minder complexe wijnen, en in Australië muntachtig-fruitige wijnen. De basiskarakteristiek van alle cabernet sauvignons blijft nochtans dezelfde.

Cabernet franc: Een populair, snelgroeiend ras, dat niets met de cabernet sauvignon te maken heeft en evenmin een zelfde kwaliteit bereikt. Groeit vooral aan de Beneden-Loire, in de bordeauxstreek (vooral Saint-Emilion), in het Zuidwesten, in Friuli-Venezia in Italië, en in Californië. Wordt alleen doch ook vermengd met andere geperst.

Gamay: Een typisch beaujolaisdruif die door de band bloemige wijn met een laag alcoholgehalte oplevert in de goede percelen van de Beaujolais en in de Mâconnais, doch ook stoere wijnen (z.a. Morgon, Juliénas, Fleurie, Moulin-à-Vent). Een zeer succesrijk ras.

Malbec: Nog maar zelden in Frankrijk verbouwd ras, dat tot de beste resultaten leidt in Cahors (Zuidwest-Frankrijk), met donkerrode, tanninerijke, goed bewaarbare en verfijnde wijn. Wordt meestal met merlot vermengd. Werd vroeger ook verwerkt voor 3 tot 8 procent in bordeaux-bereidingen, maar dit gebeurt nu nog maar zelden omdat het ras (ook 'cot' genoemd) ongelijke oogsten oplevert.

Merlot: Internationaal, succesrijk ras, overal ter wereld verbouwd van Californië tot Spanje (Navarra), Bordeaux (vooral Saint-Emilion en Pomerol), Noord- en Centraal-Italië, en van Zwitserland (Ticino) tot Australië. Produktief ras, dat goede of topkwaliteit slechts op schrale, niet te droge bodem oplevert. Wordt vaak puur verwerkt maar ook voor vermenging gebruikt.

Nebbiolo: Eén der nobelste Italiaanse druiven, het topras in Piemonte, laat rijpend. Brengt op heuvels van Alba tanninerijke, volle maar niet zeer diep gekleurde wijn voort met een zeer lange bewaartijd : barolo en barbaresco. In Noord-Piemonte worden met dit ras (daar spanna genoemd) de gattinara, de ghemme en de boca bereid.

Pinot noir: Een ras met relatief geringe produktie, waarmee de beste kwaliteit bereikt wordt op de Bourgondische kalkbodem (bv. Corton, Romanée-Conti). In Duitsland (soortnaam : spätburgunder) treft men het aan in de Kaiserstuhl, in de Rheingau en nabij de Ahr. In Zwitserland staat het bekend als blauburgunder, clevner en cortaillod, in Oostenrijk als blauer burgunder, in Italië als pinot nero. Wordt ook in Californië en Australië verbouwd.

Sangiovese: Typisch chianti-wijnstokras, in Toscane wijdverbreid in verschillende variëteiten. Hiermee wordt naast de Chianti, ook de Brunello di Montalcino, de Vino Nobile di Montepulciano en de Carmignano gemaakt. Voorts wordt het ras in Umbria (Torgiano) en Emilia-Romagna verbouwd. Levert zowel delicaat-fruitige als volle, tanninerijke en goed bewaarbare wijnen op.

Syrah: Klassiek wijnstokras van de Rhônestreek, dat het meest verbouwd wordt in gebieden als Hermitage, Cornas, Saint-Joseph, Côte Rôtie, Côtes du Rhône en Châteauneuf-du-Pape ; wordt echter ook verbouwd in Australië en Zuid-Afrika, waar het 'shiraz' genoemd wordt.

Koele nachten en hete dagen zorgen bij witte druiven voor de beste wijn

Op wereldschaal worden er meer blauwe dan witte druiven geteeld, ook al is thans de vraag naar witte wijn groter. Men kan niet zonder meer blauwe tegen witte druiven ruilen. Witte wijn heeft bijvoorbeeld zuren nodig. Het is dus belangrijk dat die zuren in de druiven zelf worden aangetroffen. De beste kans daartoe krijgt men in de randgebieden van de wijnstokgordels of bij de top van heuvels, waar het weliswaar overdag warm is maar 's nachts zo koud dat zuurelementen niet verdampen. Rode wijn daarentegen heeft behoefte aan warmere plekken.

Neem nu de chardonnay. Dit ras oogst internationaal succes : het is aan een ware triomftocht bezig. De beste kwaliteit wordt bereikt op de Bourgondische kalkbodem (de grootste wijnen zijn Montrachet, Corton Charlemagne, Meursault, Chablis). Wordt ook verbouwd op diverse plaatsen in Californië, Zuid-Afrika, Italië en Oostenrijk (in de Südsteiermark noemt men het ras morillon). In de Champagne wordt het in champagne verwerkt. Het gaat om kleine druiven met dikke schillen die veel extract opleveren.

Furmint : Dit ras wordt gebruikt voor de Hongaarse tokayer, een der belangrijkste zoete kwaliteitswijnen ter wereld, die uitsluitend in Hongarije verbouwd wordt. (De tocai uit het Italiaanse Friuli heeft niets te maken met de Hongaarse tokayer en de tokay uit de Elzas is in feite een pinot gris.)

Gewürztraminer : Een aromatisch ras waarmee men modale maar ook zeer verfijnde wijn bereidt. De fijne wijn heeft een volle rozen-, muskaat- of muskusgeur. De schil is zeer dik en vaak lichtrood gekleurd. De opbrengst is wisselvallig. Wordt veel verbouwd in de Elzas en in Duitsland, maar is verder ook te vinden in Zuid-Tirol en Californië. Wordt ook rode traminer, traminer of (in Baden) clevner genoemd.

Müller-thurgau. Sterk verbreid in Duitsland maar ook in Luxemburg (Rivaner) en in Zwitserland. Levert goede maar nooit grote wijnen op. De muskaatsmaak is vaak sterk. Stelt weinig eisen aan de ligging. In 1882 ontstaan door de kruising van riesling met sylvaner die verkregen werd door Hermann MüllerThurgau, docent aan de wijnbouwschool in Geisenheim.

Riesling. Wereldwijd erkend als één der beste witte soorten, die in Duitsland (vooral Moezel, Rijn, Nahe, Franken) maar ook in de Elzas en in Oostenrijk (Wachau) vaak topkwaliteit voortbrengt. Het boeket is veelal pittig (muskaat) ; kan droog tot verfijnd zoet van smaak zijn ; traagrijpend ; stelt hoge eisen aan zijn omgeving.

Sauvignon : Succesrijk ras dat de beste Loire-wijnen (Pouilly Fumé, Sancerre) oplevert en in de Bordeaux-streek samen met de sémillondruif instaat voor droge, witte graveswijnen en voor de verfijnde, zoete sauterneswijnen. Dikke schillen. Typische bloemig-vegetale geur. Ook te vinden in Australië (fumé blanc), Californië, Italië en Hongarije.

Sémillon : Klassiek ras voor likoreuse wijnen die in de eerste plaats in Sauternes geproduceerd worden (beroemste wijn : Château d'Yquem), meestal met sauvignon en muscadelle gemengd, gevoelig aan edelrot. In Zuid-Afrika (witte druif) en Australië worden er vooral droge wijnen van gemaakt.

Silvaner, Sylvaner : Traditioneel Oostenrijks ras, dat thans ook in de Elzas, Duitsland (Franken, Rheinhessen) en onder de naam johannisberg in het Zwitserse Wallis zeer verbreid is. Zeer produktief, als men niet drastisch bijsnoeit. Levert veelal eenvoudige, delicate, maar soms ook krachtige, karaktervolle, evenwel zelden echt verfijnde wijnen op.

Trebbiano : Wereldwijd verbreid wijnstokras uit Toscane, dat eenvoudige, droge witte wijnen oplevert. Een variëteit ervan wordt in soave verwerkt. Wordt ook in de Midi verbouwd (soortnaam : clairette), op Corsica (rossola) en in de Charente, waar het ras ugni blanc heet en de wijn gebruikt wordt voor het stoken van cognac of - in mindere mate - armagnac.

De befaamdste wijngaard van Bourgondië, Clos de Vougeot. De oppervlakte bedraagt 50 hectare. Het ligt binnen een oude muur. Slechts in het hoger gelegen deel van deze wijngaard worden de grote wijnen verbouwd. Daar is de bodem sterk kiezel- en kalkhoudend. Alleen dit deel mag zich beroepen op de classificatie 'grand cru'. In de lagere delen vallen de wijnen minder goed mee.

Het lijden van de wijnstok is een lust voor de wijn

Hoe geringer de oogst, des te beter de wijn. Deze vuistregel wordt door elke eerlijke wijnbouwer ter wereld beaamd. Maar ook de aanplanting van de wijnstokken in de wijngaard beinvloedt uiteindelijk de kwaliteit van de wijn. De meeste wijnbouwers planten hun wijnstokken een flink eind uit elkaar, zodat ze met hun tractoren door hun wijngaard kunnen rijden en de wind door de ranken waait. Daarmee vermindert men het risico op aantasting door ongedierte. Anderen planten zoveel mogelijk wijnstokken op een kleine ruimte, maar houden dan bij het snoeien elke wijnstok zeer kort; hoewel daardoor het vocht tussen de ranken toeneemt en schimmels zouden kunnen toeslaan, blijven ze geloven dat ze zodoende een betere kwaliteit wijn verkrijgen. Want volgens hen komt het er niet op aan dat de hele wijngaard maar dat elke wijnstok een kleine oogst oplevert. De wijnstok moet onder druk staan, moet 'lijden'.

Bij de traditionele aanleg van een wijngaard houdt men vooral rekening met praktische behoeften: men moet immers met de tractor, ploeg of sproeiwagen tussen de ranken kunnen doorrijden. Daarom worden de wijnstokken op grote afstand van elkaar geplant. Gevolg: op een hectare wijngaard staan maar relatief weinig wijnstokken. Hun aantal varieert van gebied tot gebied van 2000 tot 3500. Doch aan elke wijnstok hangen, afhankelijk van het snoeien, 30, 40 of zelfs 45 trossen. Ook als de opbrengst per hectare laag blijft, zal de wijn niet een zelfde kwaliteit bereiken als die

Wijngaard in Bourgondië: veel wijnstokken dicht bijeen, maar minder trossen per wijnstok.

De wijngaard van het Château Vignelaure in de Provence: wijd uit elkaar geplante wijnstokken.

Fausto Maculan, wijnbouwer in Breganze (Italië) en eigenaar van de Maculan-wijngaard

Breganze ligt in Veneto, Noord-Italië. Kunnen daar grote wijnen verbouwd worden?
Maculan: 'Ik geloof het wel. Wie topwijnen wil verbouwen, moet in elk geval alle mogelijkheden benutten om alles uit de wijnstokken te halen wat er uit te halen valt.'

Hoe heeft u dat aangepakt?
Maculan: 'Ik heb in 1983 een wijngaard heraangeplant. Nu staan daar 10.000 wijnstokken op één hectare, niet om meer maar om even veel druiven als vroeger, doch van een betere kwaliteit, te oogsten.'

Hoe reageerden de andere wijnbouwers in de streek?
Maculan: 'Die hebben hoofdschuddend gezegd: «Die zal nooit een behoorlijke wijn produceren.»'

Wat is dan gebeurd?
Maculan: 'Het tegenovergestelde: ik heb druiven verkregen die duidelijk meer suiker en meer extracten opleveren dan die in mijn andere wijngaarden, waarin slechts 3000 tot 5000 wijnstokken per hectare staan. De wijn is nu meer geconcentreerd en heeft meer karakter.'

De geringe hoeveelheid alleen garandeert nog niet de optimale kwaliteit?
Maculan: 'Ook op de traditioneel beplante wijngaarden haal ik niet meer dan 40 hectoliter uit de chardonnay en 35 hectoliter uit de cabernet sauvignon.'

Dichter bij elkaar geplante wijnstokken, hogere kwaliteit ... Hoe combineer je dit?
Maculan: 'Staan ze dicht bij elkaar, dan is de onderlinge strijd om de voedingsstoffen feller. Ze kweken diepere wortels en hun bladeren zijn actiever. Zoals een goede vader verzorgt de wijnstok eerst zijn kinderen en pas dan zichzelf: hij geeft meer voeding aan de trossen door.'

Korter snoeien is dus niet voldoende?
Maculan: 'Korter snoeien is de eerste voorwaarde om goede wijn te verkrijgen. Dat er aan één wijnstok 12 trossen hangen of dat de 12 trossen van twee wijnstokken met elk 6 trossen komen: dit maakt het verschil. Dat heeft de ervaring mij geleerd.'

Gaat dat ook op voor andere streken?
Maculan: 'In de topwijngaarden van Bourgondië en Bordeaux werkt men op precies dezelfde manier.'

van een dicht beplante wijngaard. De wijnstok moet zijn kracht over te veel vruchten verdelen. Nog altijd is het merendeel van de Europese wijngaarden vrij dun beplant. Toen de wijnstokken 30 of 50 jaar geleden aangeplant werden, was de hang naar kwaliteit nog niet zo groot als vandaag. De wijnbouwers hadden toen vooral oog voor een eenvoudig onderhoud van hun wijngaard. Dus de machines moesten ruimte krijgen. Vooral op steile hellingen (bv. in sommige Duitse, Zwitserse en Oostenrijkse gebieden) wordt wijnbouw zonder kabelbanen en kleine smalspoortractoren onrendabel.

Moderne wijngaarden. Op één hectare staan er 5000, 8000 of zelfs meer dan 10.000 wijnstokken.

Op de steile hellingen van Maximin Grünhaus aan de Ruwer kan men alleen met de hand oogsten.

Daarbij hangen er aan iedere wijnstok dan 20 tot 16 trossen, zowel vanwege het snoeien als om biologische redenen. Want als de wijnstokken dicht op elkaar staan, neemt de onderlinge strijd om voedingsstoffen toe. Ze produceren minder trossen. Maar aan die trossen besteden ze al hun energie. Bijgevolg is de wijn sterker geconcentreerd dan in wijngaarden met een dunnere beplanting, ook als de opbrengst per hectare even gering is. Deze wijngaarden worden bewerkt met tractoren die boven de ranken uitsteken. Daarom is de dichte beplanting slechts op vlakke of licht hellende grond mogelijk.

De wijnstok is een zeer veeleisende plant. Hij vraagt veel aandacht en zorgen maar weinig chemie.

De wijnstok is geen plant van dertien in een dozijn. Hij heeft weinig chemische ingrepen maar veel aandacht en zorgzaamheid nodig. In de fruitteelt is er géén plant die meer zorgen vereist.

Snoeien. Vroeger werden de wijnstokken in januari en februari gesnoeid. Nu begint men al te snoeien in december, wanneer de temperatuur onder nul gedaald is en de plant zijn stofwisseling ondergaat. De inmiddels verhoute zomerscheuten worden op één of twee na weggesneden. Aan de overblijvende zal in het komende jaar een zomerscheut ontspruiten. In februari en maart wordt er opgebonden. De beladen trossen worden in een halve boog aan een draad gebonden. Uit hun loten schieten de nieuwe scheuten op.

Ecologische maatregelen

1. Geen minerale, alleen organische meststoffen gebruiken (stalmest, gier), hoewel men ook daarvan slechts weinig mag verspreiden in de wijngaard.
2. Laag groen laten groeien in de wijngaard (dit maakt de grond losser, voorkomt erosie en zorgt na het omploegen voor humus).
3. Afzien van onkruidverdelgingsmiddelen. Besproeien met synthetische fungi- en insekticiden kan enkel bij zichtbaar dreigende schade, niet als voorzorgsmaatregel.
4. Trachten helemaal af te zien van synthetische verdelgingsmiddelen en ietwat kleinere oogsten op de koop toe nemen, evt. bordeaux-pap (zwavelpoeder en kopersulfaatoplossing) sproeien.
5. Extra-bewerking met fijn steengruis verhoogt het weerstandsvermogen.
6. Veel ruimte tussen de ranken laten, zodat de wijngaard luchtig blijft en schimmelziekten voorkomen worden.

Grootschalige besproeiing met een helikopter is thans gebruikelijk op steile hellingen in de Moezelstreek.

Ploegen. Wanneer in maart de temperatuur stijgt, wordt de grond tussen de ranken diep omgeploegd, om de grond luchtiger te maken. De onderste grondlagen hebben lucht nodig voor de ontwikkeling van de micro-organismen en voor het opslaan van vocht. Later, in juni, wordt nogmaals omgeploegd, ditmaal om het onkruid, dat tussen de ranken woekert en voedingsstoffen en oppervlaktewater opneemt, onder te ploegen. Hierdoor wordt de grond met humus verrijkt. Menig wijnbouwer bespaart zich die bewerking door het gebruik van chemische onkruidverdelgers. Het nadeel hiervan is dat ook belangrijke insekten en bodembacteriën uit de wijngaard verdwijnen.

Bemesting. Om goede wijnoogsten te bekomen, voeren veel wijnbouwers extra-mest aan. Organisch mest - stalmest, gier, zuiveringsslib, compost - moet vooral voedend humus opleveren. Mineraal mest - in de volksmond 'kunstmest'- moet de uitgeputte bodemreserves van stikstof, calcium, kalium, fosfor en spoorelementen vervangen. Kwaliteitsbewuste wijnbouwers, die slechts op een geringe produktie uit zijn, kunnen helemaal afzien van minerale bemesting of zich beperken tot minimale bemesting - afhankelijk van de aard van de bodem - in kleine hoeveelheden om de drie jaar. De vakterm luidt: vervangingsbemesting. Deze dient alleen maar om de bodem terug te geven wat de planten hem ontnomen hebben.

Groenvoorziening in de wijngaard van Maculan in Italië: rozen als symbool van natuurschoon.

Het ranken. Heel snel opschietende ranken moeten aan het uiteinde ingekort worden. Ze verbruiken meer energie dan ze kunnen produceren. Op andere punten van het spalier moet het lover uitgedund worden. Bovendien worden er waterscheuten (scheuten uit het winterhout) verwijderd en worden de uiteinden van de zijloten weggesnoeid.

Ziektebestrijding. Wijnstokken zijn zeer gevoelig voor schimmelziekten en schadelijke insekten. Worden deze niet bestreden, dan gaat de oogst geheel of gedeeltelijk verloren. Daarom moet de wijnbouwer ten laatste in juni nagaan of zijn wijnstokken door ziekten bedreigd worden. De jongste decennia is de gewoonte ingevoerd om de wijnstokken preventief te besproeien met chemisch-synthetische produkten, die evenwel een groot aantal levende organismen vernietigen, zonder onderscheid tussen schadelijke en nuttige elementen.

Geen preventie. Vandaag de dag zien alsmaar meer wijnbouwers af van preventieve bestrijding en proberen alleen nog maar te sproeien wanneer de klimatologische omstandigheden een ziekte kunnen bevorderen. Schimmelziekten (echte en valse meeldauw) kunnen vrij precies voorspeld worden met weerkundige metingen. Het gevaar van de zuurworm kan men tegengaan met feromoonvallen, waardoor men een waarschuwingssysteem verkrijgt dat het uitzwermen van de gevaarlijke zuurwormmotten kan voorspellen. Tegen andere ziekten, zoals de zwartstipziekte of de roodzucht, bestaan er eveneens preventieve ingrepen.

Wijn wordt uit druiventrossen gemaakt maar voor de kwaliteit van de wijn zijn de bessen belangrijk

Aan iedere tros hangen, naargelang van de soort, 50 tot 150 druiven. Doch niet het aantal maar wel de toestand van de druiven bepaalt de kwaliteit van de wijn. Trossen, die bestemd zijn voor de wijnbereiding, zien er gewoonlijk anders uit dan tafeldruiven. Ze bestaan uit veel kleine, dicht op elkaar gegroeide druiven. Dit wil zeggen: 'wijndruiven' hebben weinig vruchtvlees en een dikke schil. Ze zijn niet zo geschikt om op te eten. De schil is taai en smaakt enigszins bitter. Omdat er veel druiven zijn, zijn er ook veel pitten, tot vier per druif. Er moet dus een en ander uitgespuwd worden.

De binnenkant van de druif bestaat uit een zachte kern en uit pulp of vruchtvlees. Het buitenste vruchtvlees, tussen kern en schil, bevat de grootste hoeveelheid sap en dit sap is ook het rijkst aan suikers, zuren en spoorelementen. Als de druiven in de pers komen, dient men ze slechts zacht te kneuzen om dit sap te laten afvloeien. Dit beste deel van het sap noemen wijnbouwers 'voorloopmost'. In de champagnestreek noemt men dit heel deftig 'cuvée'.

De kleur van de most is na het klaren altijd strogeel tot helder witgeel, ook bij blauwe druiven. De rode kleur komt uitsluitend voort uit de schillen. Daarom is de schil van minder belang voor witte wijn. Want de most wordt zonder schillen gegist. Voor rode wijn worden de schillen bij de most gelaten in de gistkuip, zodat de kleurstoffen in de wijn worden opgenomen. Al na een uur inwerking van de schillen begint de wijn rood te kleuren. Aan het einde van de dagenlange gisting zijn de schillen haast kleurloos geworden. Alle kleurstoffen (pigmenten) werden immers afgescheiden.

De tannine is de tweede belangrijke stof die zich in de schil bevindt. Tannine is een looistof. Ze is in elke wijn te vinden, maar wordt in rode wijn sterk geconcentreerd aangetroffen. Rode wijn bevat aanzienlijk meer tannine dan witte wijn. Men kan rustig stellen, dat de goede eigenschappen van rode wijn in beslissende mate bepaald worden door de kwaliteit van de tannine. Rode wijn is immers meer dan rood gekleurde witte wijn.

Hoe ontstaat rosé? Rosé is geen mengsel van rode en witte wijn, zoals men vaak denkt. Hij wordt veelal alleen (of overwegend) met blauwe druiven bereid. De keldermeester voert de druiven meteen af naar de gistkuip, waar men na korte tijd de schillen verwijderd, zodat die slechts weinig kleur aan de wijn afstaan. Zo ontstaat de bleekrode kleur. In Duitsland noemt men rosé 'Weißherbst' maar de bereiding is identiek.

De schil beschermt de druif. Ze voorkomt dat het sap in het vruchtvlees met de lucht in aanraking komt en verdampt. Ze beschermt het vruchtvlees alvast totdat de druif rijp is. Daarna wordt de schil poreus. Lucht bereikt, door het dunner wordende weefsel heen, het

Het pas geperste sap van witte of blauwe druiven heeft een zelfde kleur. Het is licht van kleur en troebel. De wijn kleurt maar rood, als de schillen mee gisten. Bij rode wijn heeft men het (in de Duitse wijnbouw) dan ook over 'schilgisting'. In de schillen zitten namelijk de kleurstoffen. Als de most van blauwe druiven zonder schillen gegist wordt, verkrijgt men witte wijn.

Jean-Pierre Hugon, directeur van het Château Marquis de Terme in Margaux

Welke wijnstokrassen groeien er in uw wijngaarden?
Hugon: 'Elk wijngoed in Margaux verbouwt vier rassen: cabernet sauvignon, merlot, cabernet franc en petit verdot.'

Worden ze allemaal tegelijkertijd geoogst?
Hugon: 'Neen. We beginnen met de merlot. De cabernet sauvignon volgt 14 dagen later. En de petit verdot wordt het laatst geoogst.'

Zijn de onderlinge verschillen van wijnen van die druivesoorten opvallend?
Hugon: 'Zeer zeker. De merlotwijn is heel fruitig en zuiver. Hij levert ook de suikerrijkste most op. Dit betekent dat de merlot het juiste alcoholgehalte aan de wijn schenkt.'

Vanwaar komt de tannine?
Hugon: 'De tannine komt vooral van de cabernet sauvignon. Zij heeft toch de fijnste tannine. In haar schillen zitten ook meer pigmenten dan in de merlot. De wijn is opvallend donker.'

En de petit verdot?
Hugon: 'Zij wordt het laatst geoogst en levert een haast zwarte wijn op, waarin massa's tannine zitten. Ze heeft dus alleszins harde tannines.'

Welke wijnstokken kiest u voor de aanleg van nieuwe wijngaarden?
Hugon: 'Onze wijnstokken zijn door de band 35 jaar oud. We snijden loten uit onze beste wijnstokken en enten die op oude wijnstokken. Zo behouden we de kwaliteitskenmerken van onze druiven en het karakter van de wijn van ons château.'

vruchtvlees. Gevolg: het sap begint langzaam te verdampen. De druiven worden malser en verschrompelen: tijd voor de oogst. Op de schil bevinden zich bovendien miljoenen kleine schimmelsporen. Bij het persen van de druiven komen ze in de most terecht en zetten daar suiker in alcohol om. Daarom heten ze gistschimmels.

Doorsnede van een blauwe druif
De druif bestaat uit de zeer sappige pulp (of vruchtvlees) en een de zachte kern rondom de pitten. In de pulp zit het sap dat het rijkst is aan suiker en spoorelementen. In de druiveschil zitten de belangrijke polyfenolen (kleurstoffen en tannine); de hoeveelheid wordt bepaald door het ras. Sommige soorten hebben dunnere schillen met minder polyfenolen; andere hebben donkerder, dikkere en zeer tanninerijke schillen.

Kleur en tannine bepalen beide het verschil tussen rode en witte wijn

Tannine is het belangrijkste bestanddeel van rode wijn. Het voegt aan het fruitige aroma van de wijn een vleugje bitterheid toe en kan de wijn aanzienlijk veredelen. Vandaar de uitdrukking : 'nobele' tannine. De eerste kennismaking valt voor de wijndrinker vaak nogal ongunstig uit. Tannine maakt vooral jonge rode wijn schraal en ruw. Vaak verhult de tannine de delicate fruitigheid en schijnt ze het exposé van de wijn te beletten. Maar vroeg of laat wordt de tannine toch gedweeër. En dan is het moment daar om de wijn het verhemelte te laten strelen.

Tannine is looistof. Ze voorkomt het voortijdig oxyderen van de wijn. Daarom kan wijn, die veel tannine bevat, langer rijpen. Terecht zegt men dat tannine een verouderingselement is.

Vanwaar komt de 'nobele' tannine ? Uit de schil. De schil is het ietwat verharde vlies van de druif. De celstructuur van de schil houdt biologisch gezien het midden tussen het weke vruchtvlees en een hard, verhout weefsel dat men vindt in stelen en ranken. Toch bevat de schil elk tannine dat men elders respectievelijk in hout en verhoute delen aantreft.

Polyfenolen. Tannine behoort evenals de kleurstoffen tot de polyfenolen. Polyfenolen bevinden zich ook in de stelen en de pitten van de druiven, maar deze zijn van minderwaardige kwaliteit, omdat ze onaangenaam scherp en fel smaken, zodat ze niet bij wijn passen. Daarom ontdoet men de druiven van de steeltjes vooraleer ze naar de gistkuip gaan. Later worden de druiven dan zachtjes geperst om de pitten niet te verpletteren. Want de harde tannine van het pithout mag niet in de wijn opgenomen worden.

Niet alle blauwe druiveschillen bevatten even veel tannine. De pinot-noir-druif (in Duitsland spätburgunder) heeft een middelmatig tanninegehalte. Daarom is bourgogne minder diep van kleur en kan hij minder lang bewaard worden dan bordeaux. Bordeaux wordt uit cabernet sauvignon geperst, die een dikkere schil met veel polyfenolen bezit. Daarom is Bordeaux veelal donkerrobijnrood, zeer tannnerijk

Rode wijn uit Cahors in Zuidwest-Frankrijk : haast zwartrood van kleur en barstensvol ruwe en scherpe tannine.

Klassieke wijn uit Pauillac (Bordeaux) : diep robijnrood en veel fijne en nobele tannine.

Chianti Classic Riserva uit Toscana : uitgespr ken maar niet excessieve tanr nestructuur ; hal donker, robijnrood.

Giacomo Tachis, de trouwe oenoloog van het Florentijnse wijnhuis Antinori

Hoe belangrijk is tannine?
Tachis: 'Tannine is onontbeerlijk voor elke grote, rode wijn. Het is de voorwaarde bij uitstek voor kwaliteit.'

Is om het even welke tannine goed?
Tachis: 'Geenszins. De beste tannine zit in de druiveschil.'

Kan de wijnbouwer de tannine beïnvloeden?
Tachis: 'Ja, door zuinige bemesting en een doelgerichte verzorging van de wijnstokken.'

Wat kan de keldermeester doen?
Tachis: 'Hij bepaalt door de duur van de gisting op de schil, hoeveel tannine er uit de schillen gehaald wordt.'

Voor welke tannine moet men de wijn behoeden?
Tachis: 'Voor de tannine van stelen en druivepitten, die minderwaardig is. De keldermeester moet voorkomen dat grote hoeveelheden van deze tannine in de wijn terechtkomen. Ook de kurk geeft tannine aan de wijn door, maar die hoeveelheid is te verwaarlozen.

Hoe belangrijk is de tannine van houten vaten, waarin de wijn bewaard wordt?
Tachis: 'Oude houten vaten wisselen geen tannines meer uit met de wijn. Bij kleine, nieuwe eikenhouten vaten, de zogenaamde 'barriques', ligt dat helemaal anders. Hun tannine is zeer adellijk. Maar toch wordt niet elke rode wijn beter vanzijn verblijf in 'barriques'.'

Heeft elke houtsoort zijn eigen tannine?
Tachis: 'Amerikaanse eik werkt anders in op de wijn dan Franse eik. Het juiste hout voor zijn wijn vinden, dat is de kunst.'

en zeer geschikt om te bewaren. Daarentegen is een 'Kalterer See' uit Zuid-Tirol altijd helder rood. De schiavedruif, waarmee deze wijn bereid wordt, heeft polyfenolarme schillen. Deze wijn is lekker en niet aan tannine onderhevig.

Tannine in houten vaten.
Ook houten vaten, vooral nieuwe, geven tannine door aan de wijn. Deze tanninetoevoer van buitenaf is niet ongewenst. Tannine van jong hout is immers zacht, zoetig en smakelijk en verleent de wijn een voornaam aroma. In Bordeaux kopen de keldermeesters van grote wijnbouwers elk jaar een bepaald percentage van nieuwe vaten, om hun wijn daarin te laten gedijen. Ook in Bourgondië, Italië en Californië gebruikt men vaak vaten uit jonge, tanninerijke eik.

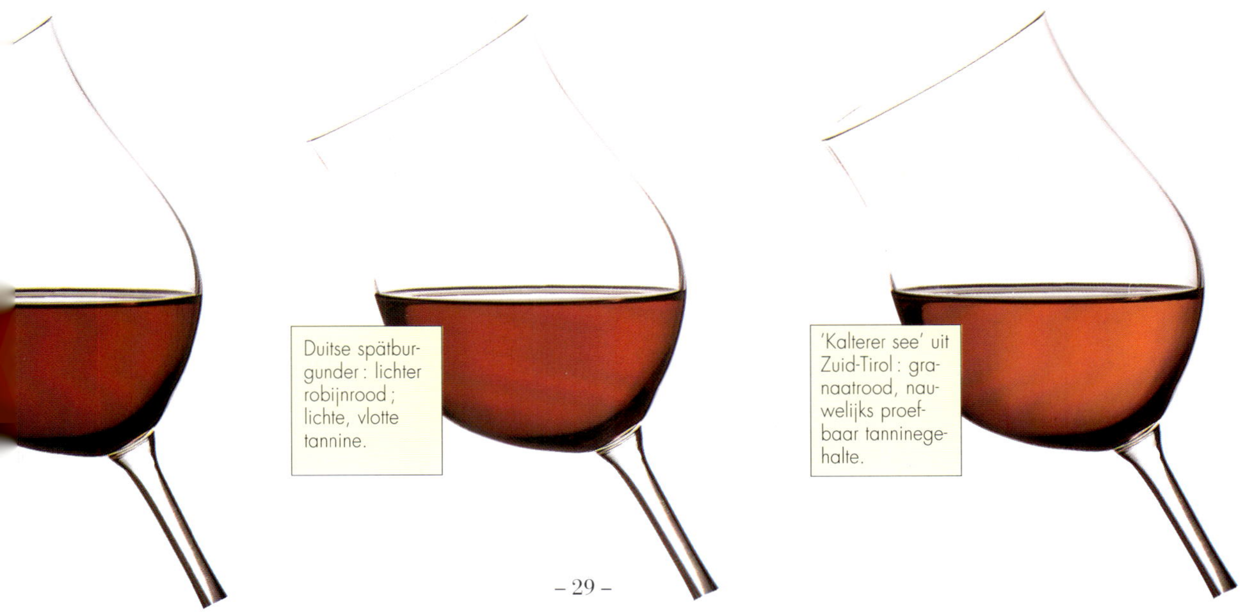

Duitse spätburgunder: lichter robijnrood; lichte, vlotte tannine.

'Kalterer see' uit Zuid-Tirol: granaatrood, nauwelijks proefbaar tanninegehalte.

Niet alle druiven worden geoogst als ze rijp zijn. Vele blijven hangen tot ze overrijp - of beter: 'edelrot' - zijn

September en oktober zijn de belangrijkste maanden voor de wijnbouwer. Het hout en de bladeren van de wijnstok zijn volgroeid en de planten kunnen hun krachten voluit aan de druiven besteden. De rijpingstijd van de druiven hangt af van het suikergehalte en dus van de zonuren in de weken voor de oogst. Menig wijnbouwer oogst al voor de volle rijpheid, om meer zuren te verkrijgen. Anderen wachten tot de druiven overrijp zijn en oogsten ze pas dan.

Rijpheidstijdstip. De toevoer van hexose (een speciale soort suiker) uit de bladeren gaat in de rijpingsfase uitsluitend naar de druiven, wat leidt tot een buitengewoon krachtige toename van hun suikergehalte. Maar een aanzienlijk deel daarvan wordt 's nachts, in het donker, weer verdampt. Overdag moet de wijnstok dus des te meer suiker produceren om het nachtelijk verlies te compenseren. Als dit niet meer mogelijk is en de suikerbalans negatief uitvalt, is het rijpheidstijdstip bereikt. De druif wordt mals en haar schil wordt dunner.

Overrijpheid.
Niettemin laat menig wijnbouwer weloverwogen een deel van de gerijpte druiven aan de wijnstok hangen. Hierdoor neemt weliswaar het suikergehalte in de druiven af, maar door de snellere verdamping van het vocht in de druiven neemt de suikerconcentratie in feite toe. Zo verkrijgt men overrijpe druiven. Bij het persen leveren ze wel minder most op als net gerijpte druiven, maar de most is sterker geconcentreerd. Zo komt men tot hoogwaardige spätlesen en auslesen.

Edelrot (z.a. bij wild) of 'edele rotting'. Hoe langer de druiven blijven hangen, des te feller verschrompelen ze. Als er geen regen valt en het vruchtvlees verteerd wordt, treedt na het rijpheidsstadium onmiddelijk het rottingsstadium in. Hierbij gaat het niet om een verderfelijke maar een precieuze rotting. De wijnbouwer vindt dat opperbest. Want uit de adellijke druiven wordt edele zoete wijn gewonnen. Door osmose (luchttoevoer via de wegens toenemende rijpheid dunner wordende druiveschil) treedt de verdamping van het vocht in de druif in. Bijgevolg nemen de suikerconcentratie en het extract weer toe en wordt er glycerine gevormd. Meerdere jaren wordt dit opzettelijke rottingsproces bevorderd door een speciale schimmel, namelijk de botrytis cinerea, die de druiven aantast.

Glanzend witgele kleur. Typisch voor jonge, modern bereide en vroeg gebottelde witte wijn uit volrijpe druiven.

Strogele kleur. Typisch voor jonge wijn van druiven met matig pigment (bv. gewürztraminer) of voor in houten vaten gerijpte wijn.

Goudgele kleur. Typisch voor rustig gerijpte wijn en in het bijzonder voor geselecteerde wijn uit adellijke druiven.

Volrijpe druiven. De druiven hebben een maximum aan suikers opgebouwd. De wijn, die hiermee bereid wordt (in Duitsland Q.b.A., kabinett, spätlesen), gist verder, als de wijnbouwer niet ingrijpt.

Overrijpe druiven. De druiven worden al bruin en beginnen al te verschrompelen. Vaak is het suikergehalte van deze druiven al zo hoog, dat de wijn niet verder gist en een restant aan zoetheid behoudt. Dit is typisch voor auslesen.

Edelrot-druiven. De druiven lijken nog meer rozijnen en zijn al zo droog dat ze nog maar weinig most opleveren, als ze met de hand uitgeperst worden. Hiermee verkrijgt men edele, zoete beerenauslesen.

Trockenbeeren-druiven. Om hun sap uit te persen, is er minstens een druk van 4 bar nodig. Ze worden stuk per stuk met de vingers uit de tros gehaald of met de snoeischaar uit de tros geknipt en leveren maximaal geconcentreerde most op.

Botrytis cinerea. Dit is een grauwe schimmel, die vooral voorkomt in gebieden (en jaren) met een droog en warm microklimaat. Zijn sporen dringen door de druiveschil, maken ze poreus en bevorderen de verdamping van het vocht in de druiven. Die verschrompelen tot rozijnachtige, droge druiven. In tegenstelling tot de normale edele rotting breekt deze schimmel ook zuren af. Daardoor heeft een botrytis-wijn een zoetere smaak dan een normaal adellijke wijn met een even groot suikergehalte. Bovendien wijzigt de botrytis de biochemie van het sap. De glucose wordt vlugger afgebroken, terwijl de zoetere fructose tegelijk wordt opgevoerd. Eveneens ontstaat in de druiven meer waardevolle glycerine. De late wijn bezit alvast meer olieachtige consistentie en vertoont een geraffineerd, bitterzoet botrytis-karakter.

Oud-goud-kleur. Typisch voor oude beerenauselsen met een edele rijping (bv. sauternes, grains nobles).

Barnsteen- of amberkleurig. Typisch voor oude trockenbeerenauslesen (bv. Château d'Yquem, Tokayer).

Tafelwijn, landwijn, kwaliteitswijn en de wijnwetgeving

Alle wijnbouwlanden ter wereld hebben wetten uitgevaardigd om hun wijn voor vervalsingen en namaak te behoeden. Overigens, op die manier krijgt de verbruiker meer zekerheid en informatie over de herkomst, het minimum-alcoholgehalte, de typische kenmerken, de wijnstokrassen en ... zo mogelijk ook over de kwaliteit.

Recht en orde heersen in de wijnhandel : van de goedkope tafelwijn in mandflessen en de goede landwijn in zakken tot en met de hoogwaardige Chablis Grand Cru is alles gerangschikt.

Kwaliteitswijn.

Volgens de Europese wijnwetgeving bevinden kwaliteitswijnen (officiële benaming in de Europese Unie : 'Vins de Qualité Produits dans une Région Déterminée', V.Q.P.R.D.) zich op de top van de kwaliteitspiramide. Dezer dagen behoren in Frankrijk slechts 30 procent, in Italië 14 en in Duitsland circa 90 procent van alle wijnen tot die categorie. De verschillen van land tot land ontstaan naargelang van de wil der onderscheiden landen om zeer hoge of veeleer lage eisen aan hun kwaliteitswijnen te stellen.
Elke V.Q.P.R.D.-wijn volgt bovendien een eigen reglementering.
Die omvat tal van voorwaarden - gebaseerd op het klimaat, de bodem, druiverassen en culturele tradities - waaraan de wijn moet voldoen. Heel speciaal wordt gelet op samenstelling qua wijnstokrassen, de maximumopbrengst per hectare en het alcoholgehalte.
Alle V.Q.P.R.D.-wijnen worden door de overheid gecontroleerd.
Die controle omvat een chemische analyse en een smaaktest door middel van steekproeven.

Tafelwijnen

De tafelwijn staat onder de kwaliteitswijn gerangschikt.
Het gaat om eenvoudiger wijn, waarvoor minder wettelijke voorschriften dan voor kwaliteitswijn gelden. Het minimaal alcoholgehalte moet maar tussen de 8 en 9 vol. % liggen, naargelang van de herkomst. De wijnstokrassen moeten niet vermeld worden. Veel tafelwijnen worden in twee-literflessen geleverd. Een groot deel wordt bij de wijngaard zelf in grote mandflessen aan de lokale bevolking verkocht.
Ook de huidige, Europese wijnoverschotten bestaan uit tafelwijn.
Telkenjare moet een min of meer aanzienlijk deel van deze overschotten uit de markt genomen worden om de prijzenstabiliteit te behouden. Dit overschot wordt in industriële alcohol omgezet.

Landwijn

Landwijn behoort bij de tafelwijn maar heeft een bijzondere status verworven. Het is hoogwaardige tafelwijn, waarvoor ook strengere voorschriften gelden. Het minimaal alcoholgehalte dient 9, 9,5 of 10 vol. % te bedragen, naargelang van de noordelijke of zuidelijke herkomst van de wijn. In Frankrijk noemt men hem 'vin du pays'.
Het zijn eenvoudige, lekkere wijnen met een veelal ruim geïnterpreteerde herkomst-vermelding en vaak geleverd in magnums, tetra-verpakking of tonnetjes.

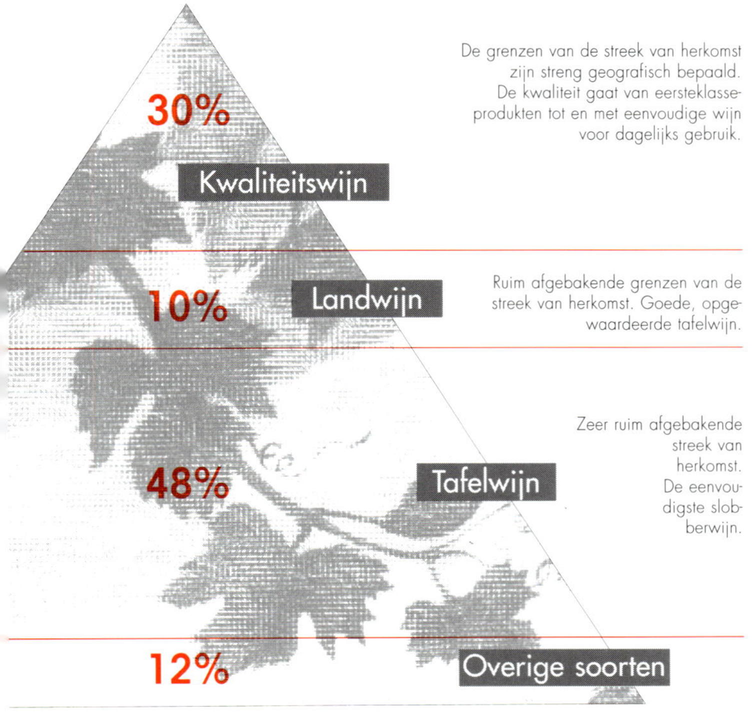

De Europese kwaliteitspiramide : veel eenvoudige, weinig hoogwaardige wijn.

Franse kwaliteitswijn

Wijn uit kleine of middelgrote streken van herkomst krijgen normaal de classificatie 'appellation d'origine contrôlée' voor hun naam (afkorting : A.O.C. of A.C.). De bepaling van iedere 'appellation' is gebonden aan strenge voorschriften, de maximumopbrengst per hectare inbegrepen (meestal tussen de 40 en de 60 hectoliter, plus 20 procent naargelang van het jaar). Vandaag vinden we daarenoven nog een klein aantal grote 'appellations' (bv. Languedoc-Roussillon), waarvan de wijnen de status van kwaliteitswijn van lagere categorie bezitten. Op het etiket staat in hoofdletters : V.D.Q.S. ('vin délimité de qualité supérieure'). Een voorbeeld : de chablis. Deze wijn mag uitsluitend afkomstig zijn uit een streng beperkt gebied rondom het stadje Chablis in Noord-Bourgondië en mag slechts van chardonnaywijnstokken van dit gebied geteeld worden. Hij krijgt dan op het etiket de benaming 'appellation Chablis contrôlée' mee. Zo weet de consument dat dit een kwaliteitswijn met een minimaal alcoholgehalte van 10 vol. % is. Een speciaal aspect van de A.C. Chablis is de classificatie per eigendom, nl. grand cru (met een opbrengst van max. 5000 hl.), premier cru (max. 40.000 hl.), chablis (max. 80.000 hl.) en petit chablis (100.000 hl.).

Italiaanse kwaliteitswijn

In Italië geldt dezelfde overheidsbepaling inzake de bepaling van herkomst : 'denominazione di origine controllata' (D.O.C.) of 'denominazione di origine controllata e garantita' (D.O.C.G.) staat er op het etiket. Deze categorieën zijn gelijkaardig. Alleen worden aan de laatste categorie nog hogere kwaliteitseisen gesteld, want hier worden ook de samenstelling van de druiven, de duur van de rijping op het vat en het vroegste tijdstip om de wijn op de markt te brengen precies bepaald. Beantwoordt de wijn niet aan deze voorschriften, dan mag hij wel verkocht worden, maar vaak uitsluitend als tafelwijn. (Veel Italiaanse wijnbouwers bieden hun beste wijn als tafelwijn aan, om zich niet aan de voorschriften te moeten houden.) Een voorbeeld : de chianti classico. Hij is afkomstig uit een precies afgebakende streek tussen Firenze en Siena en moet met maximaal 98 procent sangiovese- en canaiolo-wijnstokken geproduceerd worden. Minstens 2 procent van de wijn moet uit witte druiven gewonnen zijn. Maximale opbrengst per hectare : 52,5 hectoliter. Laagste alcoholgehalte : 12 vol.% tot 12,5 vol. % ('riserva'). Vroegste verkoopdatum : juni na de oogst tot drie jaar na de oogst voor de 'riserva'.

Duitse kwaliteitswijn

Ook aan de Duitse kwaliteitswijnen van bepaalde wijnstreken (Q.b.A.) worden meer eisen gesteld dan alleen maar een precies afgebakende zone van herkomst. Ze moeten vooral een bepaald minimaal alcoholgehalte bezitten, dat varieert naargelang van de wijnstreek en de soort. Hetzelfde geldt voor de maximale opbrengst. De cijfers schommelen tussen 88 en 130 hectoliter per hectare. Bovendien moet de wijn een aan de streek en de soort eigen smaak bezitten. Een voorbeeld : de riesling Q.b.A. uit de streek Mosel-Saar-Ruwer. Hij moet met minstens 85 procent riesling bestaan en voor minstens 85 procent uit het op het etiket aangegeven jaar stammen. Eigen aan de streek betekent : geurig, helder, fruitig, fris, rasvol, 'spritzig' (parelend), typisch leisteenboeket.

Achter het etiket 'kwaliteitswijn' zit vaak weinig kwaliteit

Kwaliteitswijnen staan aan de top van de Europese wijnhiërarchie. Toch verschillen de kwaliteitswijnen onderling zeer sterk: het kan opzet zijn, of onvermijdelijk, het kan aan de druiven of aan de bereiding liggen. Eigenlijk zou de consument voor de aankoop elke wijn moeten proeven. Omdat dit niet mogelijk is, moet men op het etiket afgaan. Daarop worden de streek van herkomst, de naam van de bottelaar, het alcoholgehalte en vaak het wijnstokras vermeld. Over de kwaliteit geven deze gegevens weinig uitsluitsel. Daarom hebben alle wijnlanden een eigen wijnwetgeving opgesteld. Daarin worden de benaming en de classificatie van de wijnen vastgelegd; die classificatie moet het de consument mogelijk maken tot conclusies over de kwaliteit te komen. Jammer genoeg is dat niet altijd gelukt. De meeste landen kunnen of willen geen classificatiegegevens op het etiket vermelden. De etiketten waar-

Erwein graaf Matuschka-Greiffenclau, eigenaar van het Schloß Vollrads in de Rheingau.

Hoe goed zijn de Duitse wijnen?
Graaf Matuschka: 'De beste Duitse wijnen moeten qua kwaliteit niet onderdoen voor de befaamdste produkten van andere landen.'

Waarom spelen Duitse wijnen internationaal niet mee?
Graaf Matuschka: 'Te veel en al te onduidelijke gegevens op het etiket bemoeilijken de kennismaking. De Duitse wijn kan men moeilijk identificeren. Hij wordt gedronken en geapprecieerd door specialisten.'

Welke gegevens bedoelt u?
Graaf Matuschka: 'Bijvoorbeeld de plaatsaanduiding. Die zegt niets over het wijngoed en veelal weinig over de afkomst van de wijn.'

Wilt u de plaatsaanduiding afschaffen?
Graaf Matuschka: 'Helemaal niet. Maar niet op elk wijnetiket moet de plaatsaanduiding vermeld worden. Voor gewone wijn volstaat het volgens mij om de streekbenaming, bv. Rheingau, het wijnstokras en een aanwijzing over de smaak te vermelden. Een volgende stap betreft de 'vin d'origine'. Wat de Rheingau betreft, zou het altijd om een riesling moeten gaan en om een wijn met de typische smaak van het wijngebied.'

Wat te doen met wijn uit één welbepaalde wijngaard?
Graaf Matuschka: 'Deze wijn staat op de top van kwaliteitspiramide. Hij zou zich meteen van andere wijn moeten onderscheiden door een hoger mostgewicht. Hij zou waarborgen moeten bieden voor een milieuvriendelijke teelt en qua smaak boven het gemiddelde niveau van de streek moeten liggen. Dan zou de verbruiker zeker weten, dat het om een topwijn gaat. Want in wijngaarden, die minder gunstig gelegen zijn, zijn dergelijke kwaliteiten niet haalbaar.'

Zou men dan moeten afzien van de vermelding van het predikaat?
Graaf Matuschka: 'Men moet niet afzien van het predikaat, men mag het doen. Hoe beter de wijngaard, des te hoger de kwaliteit van de druiven doorgaans is. Deze vaststelling leidde tot de mogelijkheid de naam van een individuele wijngaard op het etiket te vermelden.'

Schiet men met zo'n regeling eigenlijk iets op?
Graaf Matuschka: 'De etiketten zouden leesbaarder en begrijpelijker worden. De koper zou de kwaliteit van de wijn makkelijker kunnen bepalen.'

Een voorbeeld: Rheingau. Wijngaardnamen mogen op het etiket weliswaar vermeld worden, maar daar zij niet volgens kwaliteit gerangschikt zijn, heeft deze informatie weinig nut voor de consument.

op nadere gegevens staan, geven veelal weinig uitsluitsel of spiegelen een kwaliteit voor die niet aan de realiteit beantwoordt.
Zo komt het dat de Franse wijnwetgeving lof en de Duitse kritiek oogst.

Topprodukten met internationale faam: rheingauer riesling van het Schloß Vollrads én de wijn van het Château Palmer uit Margaux (Bordeaux).

Franck Mähler-Besse: medeëigenaar van het Château Palmer in Margaux.

Waaraan dankt de bordeauxwijn zijn goede naam?
Mähler-Besse: 'Zeer simpel: hij is goed.'

Is dat de enige reden?
Mähler-Besse: 'Neen, maar de belangrijkste.'

Speelt de duidelijke kwaliteitshiërarchie een rol?
Mähler-Besse: 'Frankrijk heeft een op kwaliteit toegespitste wijnwetgeving. Daarom kan de consument niet alleen op de herkomst maar ook op de kwaliteit van de wijn afgaan.'

Kan u dit aan de hand van het Château Palmer nader toelichten?
Mähler-Besse: 'Het Château Palmer ligt in de gemeente Margaux. Margaux heeft een eigen 'appellation contrôlée'. volgens de voorschriften mag de opbrengst daar niet meer dan 45 hl/ha bedragen. Op verzoek kan dit maximum met 20 procent verhoogd worden. Maar uiteindelijk moet elke wijn door een onafhankelijke commissie geproefd worden.'

Worden er ook wijnen afgekeurd?
Mähler-Besse: 'Natuurlijk. En dan moet men ze met de benaming 'Haut Médoc' verkopen. Dit is een ruimer niveau. Maar men kan ook vallen onder de benaming 'Bordeaux', de algemene benaming voor de bordeaux-streek, zodat de opbrengst bijvoorbeeld 60 hl/ha mag bedragen.'

Welke gemeenten hebben een eigen A.C.?
Mähler-Besse: 'Alleen gemeenten met de beste wijngaarden. Naast Margaux, heb je bijvoorbeeld nog Listrac, Moulis, Saint-Julien, Pauillac en Saint-Estèphe. Aan die benamingen zijn de strengste voorwaarden verbonden.'

Van boven naar onder gaat de hiërarchie dus als volgt: gemeenten, Haut-Médoc, Médoc, Bordeaux ...
Mähler-Besse: 'Precies. Maar zelfs de laagst geklasseerde benaming staat nog altijd in voor zeer behoorlijke kwaliteit.'

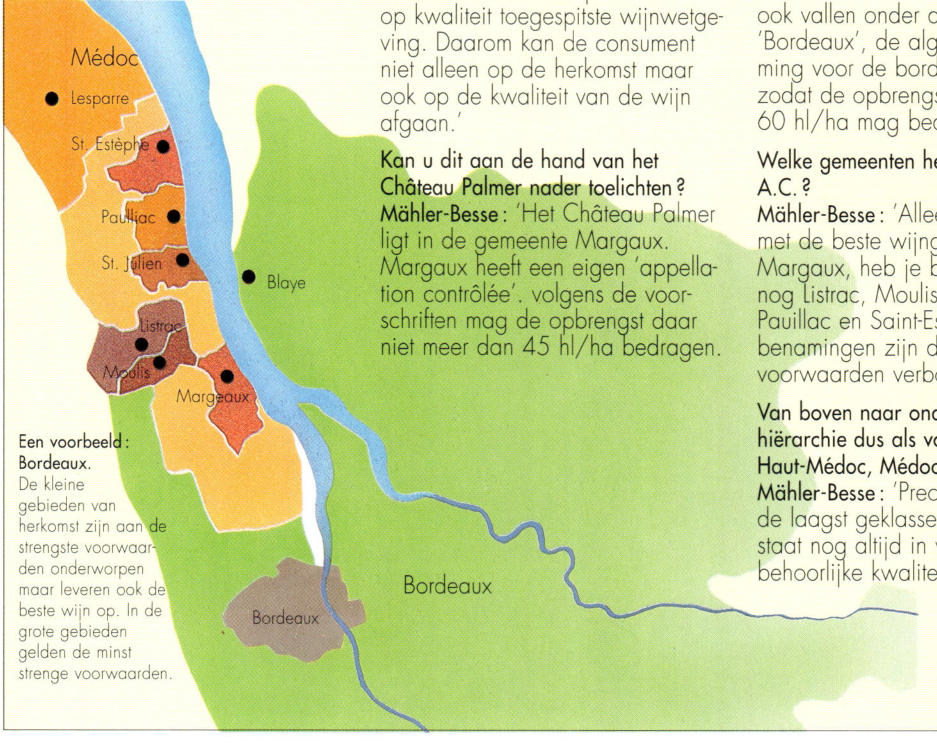

Een voorbeeld: Bordeaux.
De kleine gebieden van herkomst zijn aan de strengste voorwaarden onderworpen maar leveren ook de beste wijn op. In de grote gebieden gelden de minst strenge voorwaarden.

Hoe minder druiven de wijnstok draagt, des te groter is later het genot

In de wijnbouw bestaan er maar zeer weinig wetten die voor alle wijnlanden en voor alle wijnen in dezelfde mate gelden. Eén van deze wetten luidt: hoe minder druiven op een bepaalde oppervlakte geproduceerd worden, des te beter de wijn wordt. De verhouding massa-kwaliteit zal wel door geen enkel wijnbouwer ter wereld in alle ernst aangevochten worden. Daarom bepalen haast alle reglementen van V.Q.P.R.D.-produkten het maximum aantal druiven dat per hectare mag geoogst worden. Wie de voorgeschreven hoeveelheid overschrijdt, moet zijn wijn tot tafelwijn degraderen. Vanzelfsprekend blijft men best zoveel mogelijk onder de voorgeschreven maxima.

De voorschriften inzake de maximumopbrengst per hectare verschillen van gebied tot gebied. Doorgaans ligt in grote gebieden van herkomst het maximum hoger dan in kleine, prestigieuze gebieden van herkomst. Dit kan echter van jaar tot jaar veranderen. In Frankrijk en Spanje legt men slechts een basis vast die naargelang van de weersgesteltenis met 15 tot 20 procent mag overschreden worden. Voor een afwijking moet men echter elk jaar opnieuw een toestemming vragen. In Italië en Duitsland liggen de maxima vast. In de praktijk blijkt echter dat het makkelijker is maxima op te leggen dan ze te controleren. In Californië en Australië bestaan geen beschikkingen over maximumopbrengsten.

Tonnen en hectoliters. Meestal wordt de maximale druivenopbrengst in tonnen per hectare wijngaard berekend. Maar de opgave van de hectoliters per hectare zegt veel meer. Want het komt immers minder aan op het gewicht der druiven dan op de hoeveelheid most die na het persen achterblijft. Wie de druiven zachtjes kneust, verkrijgt maar 65 procent most. Wie ze tot de laatste druppel uitperst, kan tot 80 procent most verkrijgen. Maar uit dit soort most kan men bezwaarlijk goede wijn halen.

Invloed van het klimaat. In de verschillende gebieden bestaan er zeer verscheiden opvattingen over een 'geringe hoeveelheid'. In gebieden met veel regen ligt de verhouding kwantiteit-kwaliteit hoger. Daar kan men met 80 hl/ha naar verhouding goede kwaliteit produceren. Daarentegen kan men in drogere gebieden met 80 hl/ha geen behoorlijke kwaliteit produceren. Daar halen topwijnbouwers slechts 40 hl/ha.

Küfer Schoppen
Tafelwijnmengsel uit landen van de Europese Unie. Naar schatting bedraagt de opbrengst 20 ton druiven per hectare, wat staat voor minstens 140 hectoliter.

20 ton druiven.

Soave
In de vlakke wijngaarden ten oosten van Verona wordt Italiës bekendste witte wijn verbouwd: de soave. Het D.O.C.-reglement staat een maximumopbrengst van 14 ton (100 hectoliter) per hectare toe. Alleszins hebben topwijnbouwers een lagere opbrengst.

14 ton druiven.

Rheingau riesling
In de Rheingau wordt iets meer dan 10 ton druiven per hectare (84 hectoliter) toegestaan. Niettemin komt de beste wijn uit wijngaarden waar de opbrengst niet meer dan 60 hectoliter bedraagt.

11,2 ton druiven.

Michel Laroche, eigenaar van het Domaine Laroche in Chablis

Wat heeft u bewogen om af te zien van de politiek der grote opbrengsten?
Laroche: 'Er bestaan te veel middelmatige wijnen in Europa. Ik meen dat in de toekomst alleen de beste wijnen bij de consument een kans zullen maken.'

Stijgt de kwaliteit naarmate minder druiven geoogst worden?
Laroche: 'Uiteraard. De wijn is sterker geconcentreerd. De fruitige en minerale aroma's worden verfijnd.'

Hoeveel druiven heeft u zo geoogst?
Laroche: 'In 1990 heb ik zoals de meeste chablis-wijnbouwers 70 hectoliter wijn per hectare verbouwd. Dit is meer dan het A.C.-reglement voor chablis toestaat.'

Wat stelt het A.C.-reglement?
Laroche: 'Het staat een basisopbrengst van 50 hectoliter toe. In goede jaren mag men daar 20 procent aan toevoegen. Het maximum is dus 60 hectoliter.'

Wat is het gevolg van een teveel aan wijn? Laroche: 'Hij mag niet tot chablis verwerkt worden en hij gaat naar de distilleerderij.'

Waarom heeft u zoveel geproduceerd? Laroche: '1990 was een heel goed jaar. Alle druiven waren gezond en de wijn was schitterend. Maar met een geringere opbrengst zou de wijn nog beter geweest zijn.'

Hoe vermindert u de opbrengst?
Laroche: 'Door besnoeiing. Ik laat maar 16 ogen per wijnstok staan. Hier en daar dun ik in de zomer nog wat uit.'

Hoeveel druiven zouden er zonder besnoeiing zijn?
Laroche: 'Als men fel zou bemesten en massaal zou klonen, zou men tot 150 hectoliter kunnen produceren. Maar dan had men geen chablis meer, maar water.'

Rioja Gran Reserva
In het Spaanse wijngebied van Rioja is de basisregel 6 ton druiven per hectare. Overschrijding met 20 procent kunnen op verzoek toegestaan worden (58 hl/ha).

7,2 ton druiven.

Richebourg
Deze bourgogne is afkomstig van wijnstokken die gemiddeld 50 jaar oud zijn. In de huidige wijngaard van die naam bedraagt de reglementaire maximumopbrengst 35 hectoliter per hectare (5,6 ton).

5,6 ton druiven.

Invloed van de bodem. Een schrale bodem met een goede drainering biedt de beste vooruitzichten op een geringe oogst en goede wijn. De groei van de wijnstok wordt belemmerd door de beperkte toevoer van voedingsstoffen vanuit de bodem. Door een dichte beplanting kan de kwaliteit van de druiven extra bevorderd worden. In gebieden met veel neerslag is de bodem rijker en bijgevolg vruchtbaarder. Daar moet de wijnbouwer er door intensief snoeien voor zorgen dat de wijnstokken niet te veel vruchten dragen. Verstandige wijnbouwers laten bijvoorbeeld slechts één twijg in plaats van twee twijgen staan, om zodoende het aantal ogen (en dus het aantal scheuten) te verminderen.

Snoei: minder ogen, meer kwaliteit

Zij bemesten om de bodem terug te geven wat de planten aan hem onttrokken hebben, maar niet om de wijnstok feller te doen groeien. Zij laten ook wijnstokken van 25 jaar en ouder staan, omdat deze minder vruchten dragen.

Italië is een oud wijnland. Maar de geschiedenis van de moderne Italiaanse wijn is kort

Piemonte: herfstnevel in de valleien nabij Barolo.

Zuid-Tirol: land der gewone tafel- en der speciale kwaliteitswijnen.

Italië behoort met Frankrijk tot de grootste wijnproducenten ter wereld (20 procent van de wereldproduktie). Wijnstokken groeien van het Aostadal in het noorden tot Sicilië in het uiterste zuiden. Ongeveer 14 procent van de produktie bestaat uit kwaliteitswijn (D.O.C. en D.O.C.G.). Al het overige is tafelwijn. Italië valt in tegenstelling tot andere wijnlanden op door het grote aantal inheemse wijnstoksoorten. Sedert minstens 3000 jaar wordt er in Italië wijn verbouwd. Moderne wijnbouw wordt er echter maar sinds 30 jaar bedreven.

Apulië (Puglia): vurig rode wijn (Castel del Monte, Salice Salentino, Brindisi Rosso) van traditionele wijnstokrassen, onder meer enkele verfrissende rosé-wijnen, en een veelvoud aan lichte, charmante, pittige witte wijn.

Basilicata: uitstekende rode wijn van de aglianico-druif, die verbouwd wordt rondom de Monte Vulture.

Friuli: uit het heuvelgebied bij de Sloveense grens komen krachtige, volle witte wijnen (van pinot bianco, pinot grigio, chardonnay, sauvignon en tocai); weinig rode wijnen, waarvan de beste van inheemse wijnstokken als schiopettino, pignolo, tazzelenghe afkomstig zijn.

Campanië: de beste, goed bewaarbare rode wijnen komen uit het dorp Taurasi en worden op de aglianico-wijnstok geteeld; bovendien enkele karaktervolle, fijne witte wijnen uit het gebied rondom Avellino (van fiano- en grecodruiven).

Marche: de deels ongecompliceerde, deel verfijnde witte verdicchio (druif: verdicchio) en de rode rosso conero (druiven: sangiovese, montepulciano) zijn de bekendste wijnen.

Piemonte: de rode barolo en barbaresco zijn de befaamdste wijnen van deze streek (druif: nebbiolo); ze worden verbouwd rondom Alba; ook de barbera-druiven leveren gedeeltelijk topkwaliteit op; gavi (druif: cortese) en arneis zijn de bekendste witte wijnen; de beste wijnbouwers experimenteren eveneens met cabernet sauvignon, chardonnay en sauvignon.

Sicilië: de beste rode wijn (Duca Enrico, Rosso del Conte) is overwegend afkomstig van inheemse wijnstokken (bv. nero d'avola, perricone); daarenboven vindt men er nog enkele witte wijnen van chardonnay, sauvignon en inzolia, uitstekende zoete wijnen van de Liparische eilanden (druif: moscato) en meer bepaald van het eiland Pantelleria, en enkele grote marsala's.

Romagna: opkomende wijnstreek ten zuiden van Bologna (wijngaard van Celli, Bertinoro).

Veneto: de bekendste wijn is de witte soave.

Südtirol: veel zeer aromatische, fruitige witte wijnen (van weiss- en grauburgunder, chardonnay, sauvignon) en enkele uitstekende rode wijnen van cabernet sauvignon, cabernet franc en blauburgunder.

Toscane: de bakermat van de Chianti, de Carmignano, de Vino Nobile di Montepulciano en van de Brunello di Montalcino (druif: sangiovese); bovendien de vaak vermelde vini da tavola: aparte wijnen van een bijzondere samenstelling of met nieuwe bereidingsmethodes, zoals de Sassicaia; de populairste witte wijn is de Vernaccia di San Gimignano.

Trentino: uitstekende schuimwijnen, krachtige witte wijnen van nosiola-druiven, bovendien de goede rode wijn Teroldego van de gelijknamige druif.

Umbrië: enkele goede rode wijnen zoals de Montefalco, Rosso Perugini en Torgiano Riserva (druif: sangiovese), bovendien de witte Orvieto (druiven: grecchetto, trebbiano).

Veneto: bakermat van de witte wijnen Soave, Lugana (druiven: garganega, trebbiano) en Prosecco (druif: prosecco), van de rode Valpolicella (druiven: corvina, rondinella e.a.) en van de zware rode Amarone; uit Breganze komen rode topwijnen (druiven: cabernet sauvignon en cabernet franc) en speciale adellijk zoete wijnen.

Barbera
In Piemonte zeer vaak voorkomende, taaie druivesoort, waarmee veel gewone wijn wordt bereid, maar waarmee in goede wijngaarden, mits felle besnoeiing, ook wel klasserijke en tannine-arme wijn kan gemaakt worden.

Op Franse bodem gedijt de wijn het best

Wijngaarden in de Elzas: het land van heerlijke, fruitigdroge wijnen.

Wijngaarden in Puligny-Montrachet (Bourgondië), bron van schitterende witte wijn.

Als God bestaat, leeft hij in Frankrijk. Dat staat voor vele wijndrinkers als een paal boven water. Want nergens heeft men zich zo vroeg toegespitst op kwaliteit als daar. Ondanks de grote hoeveelheden (Frankrijk is op Italië na de grootste wijnproducent ter wereld) is het aantal kwaliteitswijnen zeer hoog (circa 30 procent). Dat blijkt hieruit: de kwaliteitswijn is niet beperkt tot Bordeaux, Bourgondië of Champagne, neen, er zijn vele min of meer kleine gebieden die even grote, zelfs zeer grote wijnen voortbrengen, al leveren die dan niet voortdurend krantekoppen op.

Bourgondië

Beaujolais. Het succes van de Beaujolais Primeur dreigt ons te doen vergeten, dat in Zuid-Bourgondië, in de omgeving van Roanne, ook krachtige, goed bewaarbare beaujolais gemaakt worden, zoals de Moulin-à-vent, de Juliénas en de Morgon (druif: gamay).

Chablis. Uit de noordelijke uithoek van Bourgondië, nabij Auxerre, komen fijne en goeddeels prachtige witte wijnen voort (druif: chardonnay).

Côte de Beaune. Rondom Beaune maakt men de befaamde rode Corton, de dito Pommard en Volnay (druif: pinot noir). Nog meer roem oogsten de witte wijnen: Meursault, Puligny Montrachet en Montrachet (druif: chardonnay). Met de aligotédruif maakt men kleinere wijnen.

Côte de Nuits. Deze 30 km lange heuvelrij tussen Dijon en Beaune is het land van de nobelste rode bourgognes (enige druif: pinot noir): Chambertin, Musigny, Romanée-Conti, Clos de Vougeot, Bonnes Mares zijn de beroemde namen. Gevrey-Chambertin, Morey-Saint-Denis, Chambolle-Musigny of Nuits-Saint-Georges moeten daar nauwelijks voor onderdoen.

Bordeaux

De meest bekende en befaamdste wijnstreek van Frankrijk. In de Médoc (linkeroever van de Gironde) en in Graves (ten zuiden van Bordeaux) worden de wijnen overwegend met cabernet-sauvignon bereid. In Saint-Emilion en Pomerol (dicht bij de Garonne) domineert de merlotdruif. De beste witte wijn is afkomstig uit Graves en de beste edele witte wijn uit Sauternes.

Champagne

Beroemd schuimwijngebied ten zuidoosten van Parijs rondom de steden Reims en Epernay.
Voor de champagnewijn worden de pinot noir, de pinot meunier en de chardonnay gebruikt. Ze worden daar ook gebruikt voor enkele 'stille' witte wijnen.

Elzas

Uit het heuvelland tussen Straatsburg en Colmar stammen elegante rieslings, rijke, volle pinot gris, krachtige sylvaners, fruitige gewürztraminers, pittige pinots blancs, geurige muscats en lichte, delicate pinot noirs.

Jura

Veel goede, eenvoudige rode wijn en één grote witte wijn, de Vin Jaune (druif : savagnin).

Loire

Anjou : rosé-gebied rondom Angers. Toch zijn de beste wijnen wit (druif : chenin blanc). We noemen de namen : Quarts de Chaume, Bonnezeaux, Rode-aux-Moires en (vooral !) Coulée-de-Serrant, één der minst bekende maar schitterendste witte wijnen ter wereld.
Muscadet : In de vlakten bij de Loiremonding bij Nantes teelt men de droge witte wijn uit muscadetdruiven. In Bretagne drinkt men hem graag bij oesters.

Sancerre, Pouilly : in dit kleine gebied, midden in de Loirevallei, maakt men met sauvignon blancdruiven twee voortreffelijke, droge, witte wijnen : de Sancerre en de Pouilly Fumé.
Tourraine : ten zuiden van Parijs, nabij Tours, worden de rode Loirewijnen (druif : cabernet franc) gemaakt : Bourgueil en Chinon. Ook de zoete Vouvray en de droge Montlouis (druif : chenin blanc) lonen de moeite.

Provence

Streek bekend om haar pittige rosés. Maar uit de heuvels rondom Aix en van kleine wijnbouweilanden als Bandol, Palette en Cassis komen voortreffelijke rode wijnen (druiven : mourvèdre, grenache en cinsault).

Rhône

Noorden : Tussen Vienne en Valence ontstaan de meest gracieuze Rhônewijnen. Ze dragen de naam van hun gebied van herkomst : o.a. Côte Rôtie, Condrieu, Saint Joseph, Hermitage (druif : meestal syrah).
Zuiden : Uit de steenachtige wijngebieden tussen Avignon en Orange stamt de temperamentvolle Châteauneuf-du-Pape en de krachtige Gigondas (druiven : vooral grenache en syrah).

Het zuidwesten

Dit is een rode-wijngebied met veel eigen wijnstokrassen. Merkwaardig zijn de Gaillac en de Irouléguy (druiven : fersarvadou, duras e.a.), de tanninerijke Cahors (druiven : malbec en merlot). Schitterend is de Madiran (druif : tannat).

Grenache
Wordt in Frankrijk vaak verbouwd (vooral in Côtes de Provence, Côtes du Rhône, Languedoc, Hérault). Voor de beste wijnen waarin deze soort voorkomt, worden daarnaast ook bv. syrah en mourvèdre gebruikt. In Spanje heet de soort garnacha, die wel eens met de tempranillo vermengd wordt (Rioja, Navarra).

Chenin blanc
Haast onbekend, voortreffelijk wijnstokras, waaruit aan de Beneden-Loire veel schuimwijn en zoete wijn maar ook enkele interessante droge witte wijnen worden gewonnen.

Duitse wijn moet niet altijd droog zijn

Wijnhellingen aan de Moezel: soepele riesling met minerale zuren.

Rijn, Main, Moezel, Neckar en hun bijrivieren stonden al rond 1900 bekend om hun voortreffelijke witte wijn, die vooral met de rieslingdruif bereid wordt. Ondanks de vele slobberwijntjes uit die contreien, blijkt dat menig wijnbouwer in deze noordelijke Duitse wijnstreek toch in staat is zeer waardevolle wijn te produceren. In Baden, Württemberg en Franken gaat het doorgaans om droge wijn. In andere gebieden brengen lichte, zoete accenten het karakter van de Duitse wijn eigenlijk nog beter tot uiting.

Ahr: Kleine enclave met rode wijn waar de spätburgunder en de blauer portugieser verbouwd worden, met als resultaat felrode, pittige, lichte wijn. Vaak worden enkele zoete accenten behouden.

Baden: Voortreffelijke, droge witte wijnen van verschillende wijnstokrassen, zoals riesling, grauburgunder, weissburgunder, silvaner, gutedel (Markgräfler Land) en, niet te vergeten, de schitterende spätburgunder (Kaiserstuhl en Malterdingen).

Franken: groot verspreid wijnbouwgebied langs de Main met veel uitstekende silvaners, indrukwekkende rieslings en boeiende rieslaner- en scheurebe-specialiteiten.

Mittelrhein: de riesling steekt de aanverwante riesling van de Rheingau naar de kroon maar bereikt toch niet dezelfde kwaliteit.

Mosel-Saar-Ruwer: klassiek rieslinggebied met lichte, parelende, spritzige (licht koolzuurhoudende) vaak rinse, pittige wijn met fruitige zuurheid.

Nahe: kruidige rieslings maar ook goede silvaners, weissburgunder, grauburgunders en müller-thurgaus worden daar verbouwd.

Pfalz (Palts): veel gewone wijn maar soms ook zeer goede rieslings; zeer goede weissburgunder, grauburgunder en rode spätburgunder vestigen de faam van de streek.

Rheingau: klein maar belangrijk wijngebied met krachtige, bijwijlen stevige rieslings met fruitige zuurheid. Dank zij de spätburgunder duiken vaak zeer goede wijnen op als in Assmanshausen en Walluf.

Rheinhessen: naast veel eenvoudige en mindere wijn vindt men hier ook topklasse, meestal rieslings, maar ook silvaners en weissburgunders.

Württemberg: felrode, genietbare trollinger, uitstekende lemberger en verfijnde samtrot, en natuurlijk ook de riesling, die in Württemberg altijd een ietwat voller boeket heeft dan langs de Moezel of de Rijn en hier als droge wijn wordt aangeprezen.

Oostenrijkse wijn viert triomfen

Vroeger vond men hier en daar een voortreffelijke wijnbouwer. Nu bewijst een heuse generatie wijnbouwers dat Oostenrijk een volwaardig wijnland is. De grüner veltliner wordt in het buitenland hoog aangeslagen. Andere nationale topwijnen vieren triomfen in het buitenland.

Burgenland: het gebied rondom Deutschkreuz en het zuidelijker gebied rondom Eisenberg staan bekend om hun goede, blaufränkische rode wijn. In het noorden nabij de Neusiedler See worden verfijnde rode wijnen (druiven: zweigelt, blaufränkisch) en goede, droge witte wijnen (welschriesling en weißburgunder) verbouwd; meest beroemd zijn alleszins de zoete wijnen uit Rust, bv. de Ruster Ausbruch.

Kamptal-Donauland: steekt de Wachau naar de kroon met uitstekende rieslings, krachtige en toch fijne grüner veltliners, top-chardonnays en enkele boeiende rode wijnen (meestal blaufränkisch).

Südsteiermark: volle, krachtige sauvignons met hoog alcoholgehalte en forse chardonnays (in de streek rond Spielfeld 'morillon' genoemd).

Thermenregion: ten zuiden van Wenen gelegen wijngebied dat zijn reputatie vestigde met droge witte wijn (druiven: zierfandler, rotgipfler, neuburger); beroemde wijnen zijn Gumpoldskirchener (overrijpe en verdroogde druiven) maar hij moet wel gegarandeerd echt zijn, wat helaas niet altijd het geval is met deze wijn.

Wachau-Krems: befaamd wijngebied aan de Donau tussen Melk en Krems; de beste grüner veltliners van Oostenrijk komen uit die streek, naast enkele stevige, goed bewaarbare rieslings.

Zwitserse wijn in stijgende lijn

In Zwitserland wordt op vele plaatsen wijn verbouwd. Vaak zijn het kleine plaatsjes waar gewone, goede wijn geproduceerd wordt. Maar inmiddels hebben enkele ambitieuze wijnbouwers aangetoond, dat ook Zwitsers ook pittige, zelfs hier en daar eersteklassewijn kunnen verbouwen, rode inclusis.

Bündner Herrschaft: kleine wijnoorden in de Rijnvallei ten noorden van Chur, beroemd om hun lichte, karaktervolle en pittig-fruitige blauburgunderwijn.

Neuenburg: hier en daar goede chasselaswijn en stevige rosés, die de merknaam Oeil-de-Perdrix kregen (druif: blauburgunder).

Ticino: de jongste jaren levert Ticino niet alleen tafelwijntjes maar ook respectabele rode merlots; op sommige plaatsen wordt ook de cabernet sauvignon verbouwd.

Vaud: in de wijngaarden aan het Meer van Genève zijn uitsluitend chasselas-wijnstokken aangeplant, die geen zeer waardevolle maar toch genietbare, lichte en fijne witte wijn opleveren; zeer gewaardeerd is de wijn uit Yvorne, Aigle, Saint-Saphorin en Epesses.

Wallis (Valais): op de steile hellingen van Sion en Salgesch worden vooral chasselasdruiven geteeld, die de befaamde, witte Fendant opleveren; zeer bijzonder is de witte wijn van de petite-arvinedruif; voorts is er nog de Dôle, die als beste, rode, Zwitserse wijn bekend staat (druiven: pinot noir en gamay).

Spanje en Portugal zijn naaste buren maar hun wijnen wonen ver uit elkaar

Jumilla, Zuid-Spanje, het land van de uitstekende monastrelldruif.

Spanje en Portugal zijn beide opkomende wijnlanden. Beide produceren ontelbare eenvoudige tafelwijnen, veel moderne, frisse witte wijn, enkele zeer goede rode wijnen en befaamde likeurwijnen. Daarmee houdt de vergelijking op. Verschillende wijnstokrassen, verschillend klimaat (Portugal heeft een Atlantisch, Spanje een mediterraan regime), onvergelijkbare wijnbouwgronden (Spanje : 1,4 miljoen hectare ; Portugal : 360.000 hectare), een uiteenlopende opvatting over wijnbouw scheiden deze ambitieuze wijnlanden van elkaar. Maar er valt veel te ontdekken.

Spanje

Jerez : land van de sherry, één der beste likeurwijnen ter wereld (druiven : palomino, pedro ximénez), zowel droog als zoet.

Navarra : opkomend wijngebied ten zuiden van Pamplona, bekend om zijn fraaie rosés, maar ook rijk aan belangrijke, rioja-achtige rode wijn (druiven : garnacha, tempranillo).

Penedès : uit de heuvels ten zuidwesten van Barcelona stammen uitstekende, frisse, stevige, typisch mediterrane, witte wijnen, zoals de cava, de Spaanse schuimwijn (druiven : xarello, macabeo, parellada, chardonnay).

Ribera del Duero : de wijn uit het Duerobekken is de sterkste concurrent van de rioja ; de beste is zeker de Vega Sicilia (druif : tempranillo).

Rioja : de bekendste Spaanse wijnstreek, gelegen langs de Ebro, die lichte maar ook zware, goed bewaarbare rode wijn uit vnl. tempranillo- en garnachadruiven perst en ook lekkere witte rioja's produceert.

Portugal

Bairrada : groot rode-wijngebied ten zuiden van Porto bij de Atlantische Oceaan, dat veel wijn voor massaconsumptie maar ook tannine-

Drie trotse Spanjaarden : Vega Sicilia, Valdemar en Taja.

rijke, veelal pittige rode wijn produceert (druif : baga) ; de zeldzame witte wijnen zijn zeer respectabel (druif : bical).

Wijngaard aan de Boven-Douro : 40 verschillende port-wijnstokken.

Spanjes bekendste wijnstreek, Rioja : bron van grootse rode wijnen.

Dão : wijnstreek ten zuiden van de Douro, waar meestal dezelfde druiven als voor portwijn verbouwd worden, al zijn de resultaten zeer uiteenlopend, namelijk tal van typische, eerlijke, krachtige wijnen met veel tannine en zuren, die echter wel voldoende moeten kunnen rijpen.

Douro : op beide oevers van de Douro, deels op terrassen langs de hellingen, staan de wijngaarden die de druiven voor de port leveren, de grootste likeurwijn ter wereld (wijnstokrassen : o.a. cão, carvalha, francisca, mourisco, touriga, bastardo) ; aan de niet helemaal uitgegiste wijn wordt wijnalcohol toegevoegd en zo bereikt men een vrij hoog alcoholgehalte (max. 21 vol. %) ; minder bekend is dat uit Opper-Douro uitstekende, op de Spaanse Vega Sicilia lijkende, rode wijnen afkomstig zijn.

Madeira : op dit Portugese eiland in de Atlantische Oceaan wordt eveneens een befaamde likeurwijn geproduceerd, de madeira (druiven : malmsey, bual, verdelho, sercial), die zoals de port en de Spaanse sherry met wijnalcohol wordt behandeld.

Ribatejo : streek ten noorden van Lissabon waar veel voor massaconsumptie verbouwd wordt ; veel robuuste witte wijn uit allerlei druivesoorten en vrij alcoholarme rode wijn ; hooguit vindt men daar lekkere tafelwijn.

Vinho Verde : aan de oevers van de Minho in Noord-Portugal verbouwt men frisse, alcoholarme wijn, de vinho verde (uit tal van lokale druivesoorten), die zowel rood als wit kan zijn en waaraan meestal wat koolzuur wordt toegevoegd.

Tempranillo
Belangrijk Spaans wijnstokras, dat vooral in de Rioja Alta, Alavesa en Ribera del Duero, verbouwd wordt en nobele wijnen met een diepe kleur, goede tannine en stevig alcoholgehalte voortbrengt.

De opkomende wijnlanden maken van bij hun debuut furore

De jongste jaren gaan opkomende wijnlanden de concurrentie aan met de gevestigde Europese wijngrootmachten. Eerst kwamen de Californiërs met spectaculaire kwaliteitswijn aanzetten, dan traden Australië, Nieuw-Zeeland, Zuid-Afrika en Chili in het gelid. Hun produktie stelt nog niet veel voor en het meeste wat uit hun kelders komt, is nog slobberwijn, maar hun weinige topwijnen tonen aan dat de wijnbouw in die landen riante vooruitzichten biedt.

Wijngaarden in de Sonomavallei, Californië.

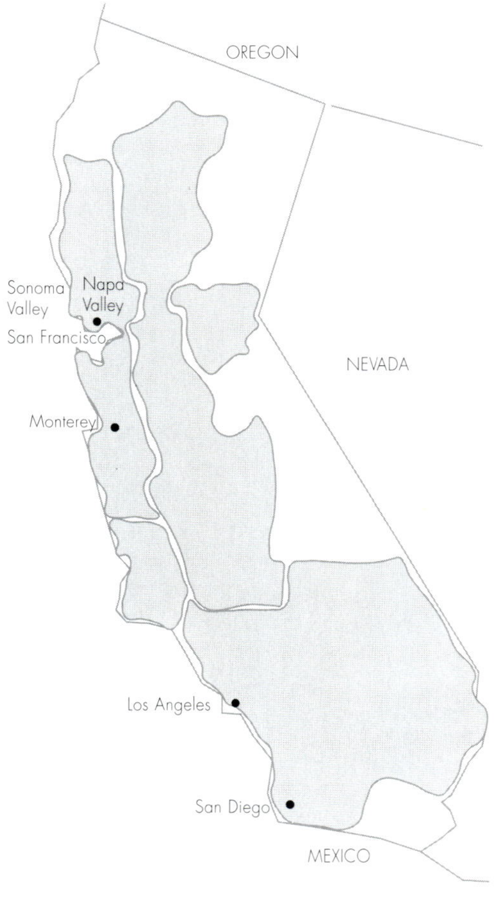

Californië. Al in 1777 werden de eerste wijngaarden aangelegd. Maar slechts nadat men wijn ging verbouwen in koelere streken als Mendocino, Lake County en, meer landinwaarts, ten noorden van San Francisco, in de Napa-, de Alexander- en de Sonomavallei, kwam men in Californië aan echte topkwaliteit toe. Vooral de rode wijn van cabernet sauvignon en/of merlot kan toppen bereiken. De witte wijn wordt meestal met chardonnay en sauvignon gemaakt en ook die kan op zijn niveau de Europese concurrentie aan. Daarenboven produceert men hier boeiende syrah-wijn en opvallende pinots noirs (die wel deels uit Oregon, de noordelijke buurstaat, komen).

Chili. Recentelijk gaat er geen jaar voorbij, of Chili verbaast de wereld met enkele rode wijnen : donkerrood, vol, krachtig, helemaal in de bordeaux-stijl en met bordeaux-wijnstokken verbouwd. Het wijngebied bevindt zich op de westelijke uitlopers van de Andes, nabij de hoofdstad Santiago. Hun witte wijn haalt het niveau van hun rode nog niet.

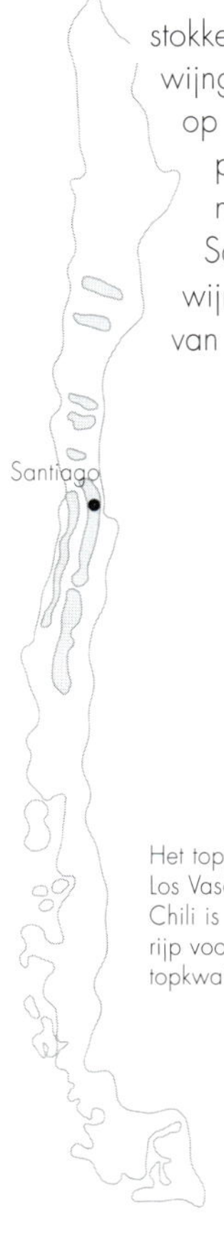

Het topprodukt : Los Vascos. Chili is zeker rijp voor topkwaliteit.

Argentinië. Veel massaprodukten maar ook enkele uitstekende rode wijnen uit de streek rondom Mendoza. Verbouwd worden: cabernet sauvignon, merlot en malbec. Tot nu toe wordt er maar weinig wijn uitgevoerd.

Australië. Benevens degelijke, massale consumptieprodukten maken de 'Aussies' ook wijn van internationale topklasse. De rode wijn wordt meestal met shiraz, cabernet sauvignon, merlot en - zij het een enkele keer - pinot noir gemaakt. Voor witte wijn gebruikt men chardonnay, sauvignon, sémillon en riesling en soms marsanne. Streken die bekend staan om kwaliteitswijn zijn: Barossa Valley nabij Adelaide (goede sémillon, riesling en shiraz), de tropisch hete Hunter Valley ten noorden van Sidney (goede sémillon en chardonnay), Yarra Valley (goede shiraz, cabernet sauvignon, merlot en pinot noir) ten noorden van Melbourne en Mornington Peninsula ten zuiden ervan. Recentelijk heeft de wijnbouw zich verplaatst naar koelere streken. Sedertdien komen wellicht de beste rode wijnen (cabernet sauvignon, shiraz) uit Coonawarra en vindt men schitterende chardonnays in Padthaway (ten noordwesten van Coonawarra), in Clare Valley en Eden Valley maar vooral in het westen rond Perth en op het eiland Tasmanië.

De Californische wijnbouwer John Davis en zijn vrouw voor de Schramsberg Winery.

Zuid-Afrika rukt op: chardonnay en pinot noir van Hamilton Russel Vineyards in de Kaapprovincie.

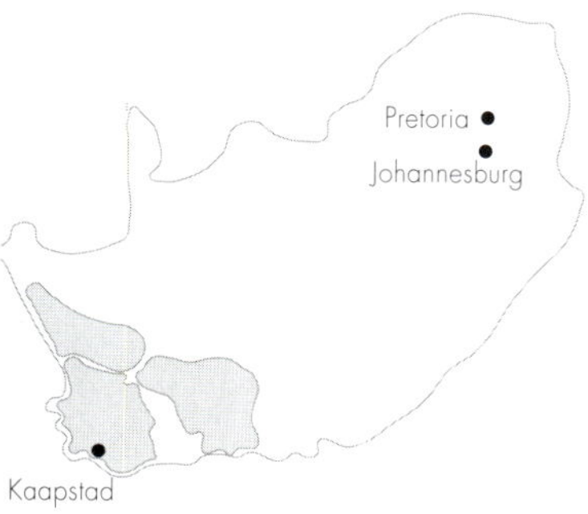

Zuid-Afrika. De overgang van grote portwijnproduktie naar het verbouwen van de betere witte en rode wijn is moeilijk geweest. Toch kan thans de beste 'estate'-wijn (wijn gebotteld in de wijngaard) de strijd aan met de betere en beste Europese produkten. De produktie komt vooral uit de Kaapprovincie: Durbanville, Constantia, Stellenbosch, Swartland, Paarl. De rode wijn is vrij krachtig en is doorgaans afkomstig van cabernet sauvignon en merlot, maar ook wel eens van shiraz. De witte wijn wordt met chardonnay, sauvignon en een enkele maal met riesling geproduceerd.

Nieuw-Zeeland. Een opkomend wijnland met zeer respectabele produkten. Op het koelere, zuidelijke eiland, in de buurt van Marlborough, boekt men vooral successen met witte wijn (sauvignon, chardonnay) en pinot noir (ook in het zuiden van het noordelijk eiland). In de omgeving van Auckland vindt men een gunstiger (d.i. warmer) klimaat voor cabernet sauvignon en merlot.

Wijngaarden nabij Tramin in Zuid-Tirol. Het romantische, Zuidtiroolse landschap heeft menigeen tot de streekwijn gebracht, al staat die niet altijd garant voor topkwaliteit. Vandaag wordt op de steile hellingen en afhellende terrassen soms uitstekende wijn verbouwd - en het gaat niet alleen om traminer.

De bodem vormt het karakter van de wijn

Voor wijn is de bodem van groot belang. Hij zorgt voor de juiste voeding van de wijnstok en staat gedeeltelijk in voor de stofwisseling. De vitaliteit van de plant hangt er van af.
Die vitaliteit beïnvloedt dan weer danig de kwaliteit van de druiven. Hoewel de wijnstok van nature op elke bodem gedijt, levert hij maar op weinige bodems goede wijn op.

Vette bodem, slechte wijn.
In zware, vochtige grond levert de wijnstok een massale oogst op. De wijn wordt dan flets en karakterloos. Op humus- en stiktofrijke bodem gaat zijn energie vooral naar het hout en het gebladerte in plaats van naar de vruchten. Hun wijn mist inhoud en kracht. Daarom gedijen alle interessante wijnen op een droge bodem met matige of geringe voedende substantie. Daar zou men geen aardappelen, graan of fruit telen.

Rotsachtige en zanderige bodem.
Een dergelijke bodem kan grof steenachtig of fijnkorrelig zijn. Soms bestaat hij uit leisteen, soms uit porfier. Elders kan het dan weer poreuze krijtgrond of harde zandsteenbodem zijn. Cruciaal is : een gering aanbod aan organische voedingsstoffen. Want dan moet de wijnstok zijn voedingsstoffen betrekken uit de minerale bodembestanddelen en water aan diepere grondlagen onttrekken. Dank zij deze schaarste besteedt hij zijn kracht

Pauillac (Bordeaux)

Reims (Champagne)

Chianti classico (Toscane)

Rüdesheim (Rheingau)

eerst en vooral aan de druiven en niet aan het hout en het gebladerte. Bovendien is de fysische samenstelling van grond (korrelgrootte, steenachtigheid) belangrijker dan de chemische structuur (minerale samenstelling), want de bodem bepaalt niet de smaak (bv. de fruitigheid) maar het karakter van de wijn (zwaar of licht, fijn of robuust).

Bodem of klimaat? Begin jaren tachtig waren er felle discussies aan de gang tussen Californische wijnbouwers en wetenschapslui van de universiteit van Bordeaux over het belang van de bodem voor de kwaliteit van de wijn. De Amerikanen waren er van overtuigd dat het klimaat van overwegend belang was voor de kwaliteit. De Fransen hielden het er bij dat de bodem beslissend is voor de kwaliteit van de wijn.

Regionale verschillen. Ze hadden allebei gelijk, maar dan wel enkel wat hun eigen wijnbouwgebied betrof. In de bordeauxstreek zijn de klimaatschommelingen immers vrij gering maar zijn de bodemverschillen des te groter. In Californië, tienmaal groter dan de bordeauxstreek, zijn de temperatuurverschillen tussen de koele kuststreek in het noorden en het hete binnenland van Central Valley in het zuiden enorm. In vergelijking met de klimaatsverschillen vallen de bodemverschillen veeleer klein uit. Omdat de stofwisseling in de wijnstok zowel door de wortels als door de bladeren bepaald wordt, zijn zowel de bodem als het klimaat bepalende factoren voor de wijn. Dit wil zeggen: licht en luchtvochtigheid zijn even belangrijk voor de suikeraanmaak als een evenwichtige voeding.

Manueel oogsten is beter dan machinaal oogsten. Maar hoofdzaak is : de druiven snel in de pers brengen

In Zuid-Europa begint de wijndruivenoogst al einde augustus.
In noordelijker wijnstreken (Duitsland, Elzas, Piemonte) kan de oogst tot november uitlopen. In Chili, Zuid-Afrika, Australië en Nieuw-Zeeland oogst men van eind januari tot april, omdat dit de herfstperiode in het zuidelijk halfrond is.

Het precieze tijdstip van de oogst hangt af van de rijpheid van de druiven en die varieert naargelang van de soort. Vroegrijpe soorten (bv. müller-thurgau, merlot) worden eerder geoogst dan laat rijpende soorten (bv. riesling, cabernet sauvignon, sangiovese). Maar het weer heeft nog meer invloed op de keuze van het oogsttijdstip ; zo kan bij ongunstige weersomstandigheden de volledige rijpheid voor één bepaalde soort 14 dagen later komen - soms zelfs helemaal niet. Blauwe druiven worden de jongste jaren bij voorkeur laat geoogst, om een betere kleur en meer alcohol te verkrijgen. Bij witte druiven wacht men soms de volle rijpheid niet af, om de zuren te behouden.

Wanneer zijn de druiven rijp ?
Warmte en licht zorgen voor een voortdurende toename van de suikers in de druiven. Een deel van deze suikers wordt 's nachts, tijdens de duisternis, weer afgebroken in de wijnstok. Dit verlies moet overdag goedgemaakt worden. Als de dagelijkse aanwinst van suikers geringer is dan het nachtelijke verlies, kan men van volle rijpheid spreken.

Manuele oogst. De oogst of 'pluk' gebeurt traditioneel met de hand. De rijpe trossen worden met een puntige snoeischaar (of snoeimes) van de stengel gesneden en in manden verzameld en zo snel mogelijk naar de pers gebracht. De manuele oogst is zeer duur maar maakt een preciezer pluk per wijnstok mogelijk.

Machinale oogst. Dit is het alternatief. Het gaat sneller en is goedkoper. Per hectare worden 300 werkuren uitgespaard. Nadelig is dat de machine zonder onderscheid de druiven oogst, dus zowel rijpe als onrijpe, zowel gave als rotte. (Men kan nog altijd met de hand een selectie maken voor de persing.) Overigens kunnen oogst-

Oogst in Bourgondië
Wijngaard van Romanée-Conti : wie topwijn verbouwt, oogst met de hand en in kleine manden.

machines alleen op bijna vlak terrein gebruikt worden.

Hoe gaat het machinaal oogsten? De oogstmachine rijdt op hoge wielen over de ranken. Roterende nylondraden, bevestigd aan verticale cilinders die aan de tunnel bevestigd zijn, slaan in een berekend, gestadig ritme tegen de ranken. De trossen vallen er af en worden opgevangen.

De organisatie van de druivenoogst. De oogst is een kritisch moment in het wijnbouwjaar. Niet alleen het slechte weer maar ook een slechte organisatie kan de kwaliteit van de wijn aantasten. Het is namelijk zeer belangrijk dat de druiven snel naar de pers gebracht worden. Zoniet, dan dreigt het sap al voor de persing aan het gisten te gaan. Daarom laten kwaliteitsbewuste wijnbouwers de druiven in kleine korven verzamelen, zodat ze niet onder hun eigen gewicht gekneusd worden en geen sap verliezen.

Snoeischaar
Oogsten met de hand is duur en zwaar. Maar alleen zo kan men selectief plukken.

Ook oogst men niet op het heetste uur van de dag. Hitte bevordert de spontane gisting. In Californië en Australië oogst men zelfs 's nachts in het licht van schijnwerpers. In de nachtelijke koelte zijn de gisten minder actief.

Oogstmachine
Machinaal oogsten is goedkoop, efficiënt en gaat sneller, maar dient de kwaliteit niet.

De selectie. Vuistregel voor wie kwaliteit nastreeft is de selectie van de druiven. Er mogen slechts gave en rijpe druiven geplukt worden. Rotte druiven worden vooraf verwijderd. Onrijpe druiven kan de wijnbouwer laten hangen met de hoop dat ze later rijpen. Dit betekent dat de plukkers tweemaal of meer de wijngaard moeten afgaan.

Hoe langzamer de gisting, des te beter de wijn

Wijnbereiding of vinificatie is de omzetting van druiven in most en vervolgens van most in wijn. Fysisch komt het er op neer dat men de druiven perst en het druivesap laat gisten. Chemisch betekent het druivesuiker omzetten in alcohol. Wat dit betreft, is er een verschil tussen de bereiding van rode en van witte wijn.

Het principe van de wijnbereiding is in de jongste honderd jaar nauwelijks gewijzigd. Maar er zijn wel zoveel details veranderd, dat men van een revolutie mag spreken, vooral wat de witte wijn betreft. Kwaliteitsbewuste wijnbouwers kunnen tegenwoordig op zoveel technische hulpmiddelen beroep doen, dat ze in staat zijn hun wijn met steeds meer zorgen te omringen. Dit komt de kwaliteit ten goede. Het valt overigens op dat alsmaar meer chemische methodes door fysische ingrepen als koeling en opwarming kunnen vervangen worden.

Rode wijn

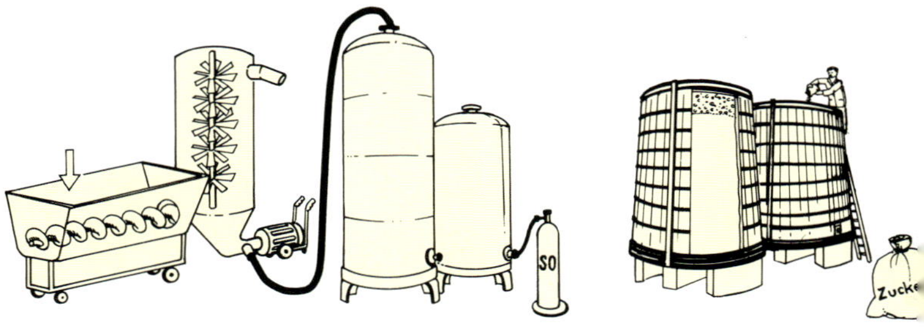

Kneuzing
Blauwe druiven worden niet geperst maar gekneusd. Ze worden slechts licht gekneusd, zodat de schil barst en een deel van het sap wegvloeit. Meestal worden meteen de steeltjes verwijderd. Sap en schillen (de most) gaan samen in tanks of kuipen.

Zwaveldioxyde- en gisttoevoeging
Om wilde gisten of azijnzuurbacteries te elimineren, voegt de keldermeester aan elke gistkuip wat zwaveldioxyde toe. Ook wordt aan de most vaak een zuivere gistcultuur toegevoegd. Want de natuurlijke gistcellen, die in de schillen zitten, volstaan vaak niet om de gisting op gang te brengen.

Gisting met schillen
Bij temperaturen van circa 10°C beginnen de gistcellen zich te vermenigvuldigen. Zij moeten de suikers in alcohol omzetten. De alcohol onttrekt de pigmenten aan de schil. De wijn kleurt geleidelijk rood. Lichte rode wijn laat men slechts drie dagen met de schillen gisten. Zware wijn kan 12, 15 of uitzonderlijk wel 30 dagen met de schillen macereren.

Chaptalisering
In ongunstige jaren zit er vaak te weinig suiker in de most om het vereiste alcoholgehalte te bereiken. Dan mag men tijdens de gisting suiker of mostconcentraat toevoegen. Omdat de suiker meegist, is de wijn uiteindelijk droog maar rijker aan alcohol. Dit proces noemt men chaptalisering.

Witte wijn

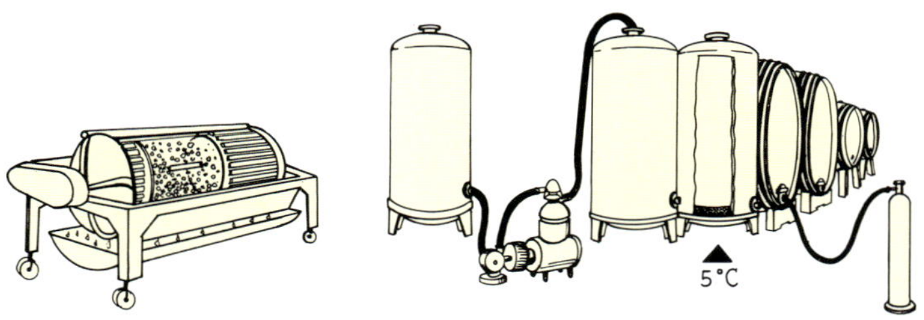

Persing
De druiven worden samen met de steeltjes geperst. De afgetrokken most wordt opgevangen en in een gistkuip of -tank gepompt. De perskoek wordt verwijderd en dient als mest- of brandstof.

Voorklaring
In de most bevinden zich nog veel onzuiverheden, die moeten verwijderd worden. De snelste methode bestaat er in de most door een centrifuge te laten lopen (nadeel: de kwaliteit van de most kan hierdoor afnemen). De veiligste methode is de most een nacht lang in een afgekoelde gistkuip te laten staan, zodat de onzuiverheden vanzelf naar de bodem zinken.

Zwaveldioxyde-toevoeging
Het nadeel van die statische klaring via een centrifuge is dat de most kan oxyderen. De meeste wijnbouwers voegen daarom wat zwaveldioxyde toe om het risico van de oxydatie te beperken. Nog maar zelden kan men van zwaveldioxydetoevoeging voorafgaand aan het gistingsproces afzien.

Alcoholische gisting
In tegenstelling tot de rode wijn gist de most van witte druiven zonder schillen. Overheveling van de wijn is dus niet nodig. De alcoholische gisting is ten laatste na drie weken voltooid. Hoe langzamer de most gist, des te meer aroma en smaak er behouden blijven.

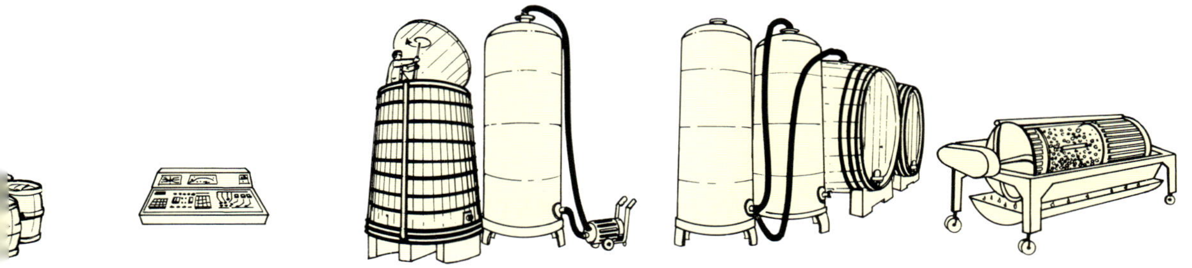

Temperatuurcontrole
Tijdens de gisting stijgt de temperatuur in de gistkuip voortdurend. Soms bereikt ze 30° C maar ze kan ook oplopen tot 37° C. Normaal verdraagt de wijn dergelijke temperaturen niet zonder verlies aan aroma en smaak. Daarom wordt de gistkuip of -tank afgekoeld. Met calorimeters wordt de binnentemperatuur voortdurend opgemeten. Een computergestuurd koelsysteem zorgt voor tijdige afkoeling van de most.

Extractie
De kooldioxyde borrelt op in de kuip en drijft de schillen naar boven. Daar vormt zich een bezinkselkoek, die geregeld met lange stangen uit elkaar gehaald moet worden, opdat de vloeistof zoveel mogelijk met de schillen in contact zou blijven. Slechts dan worden er voldoende kleurstoffen en tannine aan onttrokken.

Remontage
Eén- tot tweemaal per dag wordt de gistende wijn onderaan uit de tank of kuip weggezogen en via een slang naar boven gestuwd, zodat de bezinkselkoek weer naar beneden gedrukt wordt. Zodoende wordt de extractie bevorderd.

Overheveling
Wanneer er voldoende tannine en kleurstof aan de schillen is onttrokken, hevelt men de wijn naar een andere tank over. Het tijdstip van de overheveling wordt bepaald door het tanninegehalte in de schillen en door de opties van de wijnbouwer.

Perswijn
De in de gistkuip achtergebleven schillen en vruchtvlees worden geperst. De aldus uitgeperste wijn wordt 'vin de presse' (perswijn) genoemd. Het is tweedeklasse wijn. Veel wijnbouwers verkopen hem los. Maar vaak wordt een deel ervan toegevoegd aan de eersteklasse wijn, om hem meer kleur en looistof te geven.

Chaptalisering
Is de most te arm aan suiker, dan mag de keldermeester er suiker of mostconcentraat aan toevoegen. Dit gist samen met de natuurlijke druivesuiker en verhoogt het alcoholgehalte. Deze verrijking noemt men chaptalisering. Ze wordt niet als een vervalsing van de wijn beschouwd, maar is wel aan strenge regels onderworpen.

Temperatuurcontrole
Een ongecontroleerde gisting zou de temperatuur in de gistkuip of -tank tot 28° C kunnen doen oplopen en zou de geur- en smaakmoleculen afbreken. Daarom moet de gisting gecontroleerd worden. Dit doet men met computergestuurde temperatuurregeling. Bij lage temperaturen vermenigvuldigen de gistcellen zich slechts langzaam. Daarom waren vroeger koele kelders een kostbaar bezit voor de wijnbouwers. Vandaag worden kelder en/of gistkuipen veelal kunstmatig gekoeld (15 tot 23° C).

Gistcultuur
Dezer dagen wordt het gistingsproces van witte wijn meestal met behulp van een zuivere gistcultuur (zuivere-kweekgist), die in een laboratorium tot stand gekomen is, bevorderd. Dit is een garantie voor een vlotte gisting van de most. Het heeft echter het nadeel dat het de wijn minder verscheiden kan maken.

Einde van de gisting
Normaal fermenteert de most totdat alle suikers gegist zijn. De wijn heeft dan een droge smaak. Wil men de wijn iets zoets laten behouden, dan moet de gisting beëindigd worden. Daartoe bestaan er verschillende methodes:
1. de wijn tijdens de gisting filtreren; de gisten blijven in de filters achter en de wijn gist niet verder;
2. de wijn in de gisttank of kuip tot lage temperaturen laten afkoelen, zodat de gistcellen hun activiteit stopzetten;
3. de wijn in afgesloten druktanks laten gisten, zodat het opgewekte koolzuur niet kan ontsnappen en de gisting verhinderd wordt;
4. suiker of alcohol aan de wijn toevoegen; bij circa 14 Vol.% alcohol en door het verhoogde suikergehalte sterven de gistcellen af.

Rode wijn

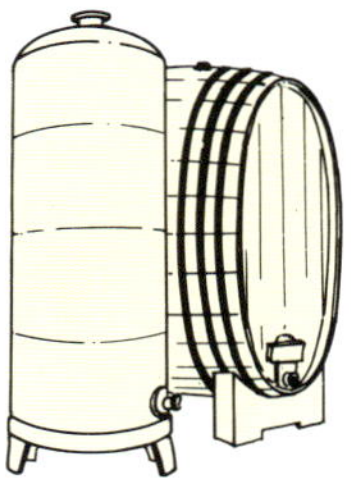

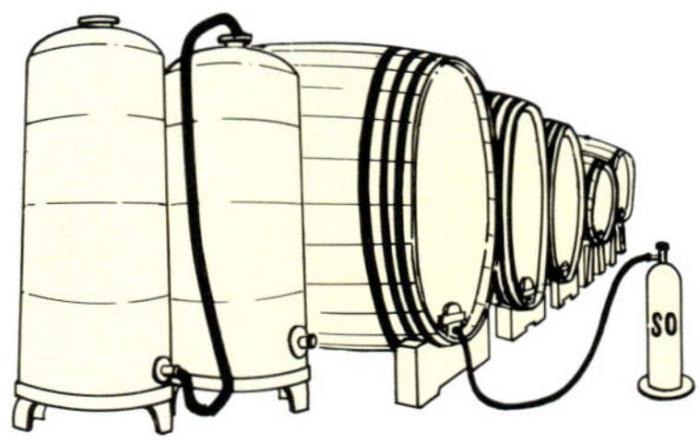

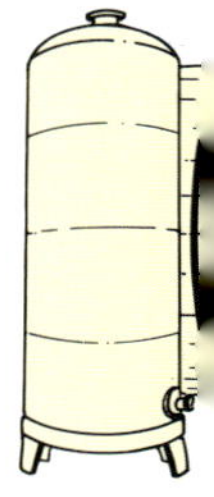

Nagisting
Na de gisting met de schillen is de wijn weliswaar rood maar nog niet uitgegist. Naargelang van de hoeveelheid resterende suiker, gist hij in de kuip of tank nog drie of vier weken verder. Zodra er geen koolzuur meer opstijgt, weet de keldermeester dat de gisting beëindigd is.

Malolactische gisting
In de lente kan de uitgegiste wijn opnieuw gaan gisten. Het gaat daarbij om de activiteit van bacterieën die zich voeden met appelzuur en dat omzetten in melkzuur, dat minder scherp van smaak is. Dit doet de rode wijn goed. Voor deze malolactische, secundaire gisting was hij nauwelijks drinkbaar. Door deze secundaire gisting wordt hij zachter, ronder en soepeler. Daarom moet rode wijn zeker een secundaire gisting of malolactische gisting doormaken. Veel keldermeesters verwarmen hun kelders meteen na de alcoholische gisting om de malolactische gisting te provoceren.

Eerste overheveling
De secundaire gisting heeft de wijn al in ruime mate gestabiliseerd. Hij zal later niet meer verder gisten op de fles. Nu wordt de wijn overgestoken op een ander vat. Schilresten en droesem blijven in de kuip achter. De wijn is nu helder.

Zwaveldioxyde-toevoeging
Na het oversteken wordt aan de wijn weer wat zwaveldioxyde toegevoegd. Ze neutraliseert de acetaldehyde, een nevenprodukt van de gisting, dat de wijn zijn levendigheid ontneemt.

Afwerking
Wegens het opgevoerde tanninegehalte krijgt de rijping voor de rode wijn een bijzondere betekenis. Deze fase zou men de afwerking of structurering kunnen noemen. Vooral volle, rijke en krachtige wijnen moet men de tijd gunnen om zich harmonisch te ontwikkelen. De meeste rode wijnen wordt in grote vaten deze tijd gegund.

Witte wijn

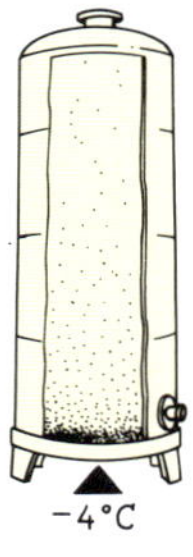

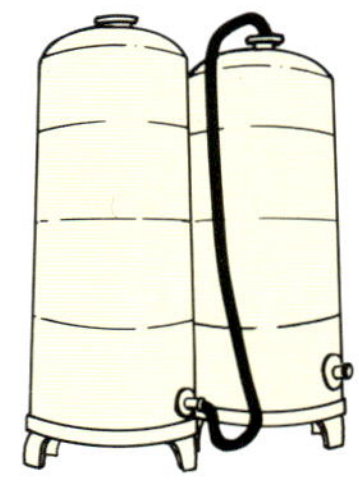

Klaring door afkoeling
Om de wijn te klaren, wordt hij afgekoeld (bv. : in de winter wordt hij op een in openlucht staande tank overgestoken). Het bezinksel gaat naar de bodem en de wijn daarboven is helder. Tijdens deze behandeling doet men ook een deel van het wijnzuur neerslaan : het kristalliseert uit tot wijnsteen.

Biologische afbraak van zuren
Naar oude gewoonte wordt te zure wijn door toevoeging van een paar gram kalk per vat gemilderd. Dit noemt men ontzuring. De wijnbouwers kiezen vandaag voor biologische ontzuring of malolactische gisting. Men verwarmt de kelder tot meer dan 20° C om de activiteit te verhogen van bacteriën die zich voeden met appelzuur en dat omzetten in melkzuur, dat minder scherp van smaak is. In koude streken is biologische afbraak gebruikelijk. In warme streken (bv. Australië, Californië) gaat men de malolactische gisting tegen door vroegtijdige toevoeging van zwaveldioxyde, om te voorkomen dat de minder talrijk aanwezige zuren nog meer zouden afnemen.

Eerste overheveling
Zodra de gisting opgehouden is, wordt de wijn overgestoken. Men pompt hem namelijk naar een ander vat De wijn is dan gereed. Nadien komt het er alleen maar op aan de wijn te stabiliseren en meer karakter te geven.

Zwaveldioxyde-toevoeging
Om te voorkomen dat de wijn oxydeert, voegt de wijnbouwer er wat zwaveldioxyde aan toe. Slechts 20 procent van de toegevoegde zwaveldioxyde blijft als ongebonden zwaveligzuur in de wijn achter : d.w.z. 25 tot 35 mg per liter, te weinig dus om de smaak ongunstig te beïnvloeden of de gezondheid te schaden. 80 procent wordt meteen in de wijn opgenomen.

Afwerking 'sur lie'
Om de witte wijn een rijker aroma te schenken, laten veel wijnbouwers hem op gist rusten. Dit wil zeggen, dat ze de wijn na de gisting niet oversteken, maar hem - met de gist - in een ander vat pompen. Sommige wijnen, bv. de muscadet, worden zo gebotteld.

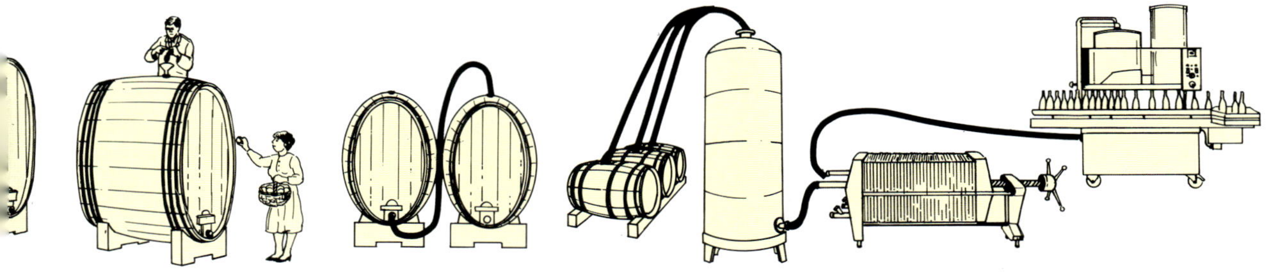

Rijping
Door de poriën van het hout van het fust dringt er zuurstof tot de wijn door. De keldermeester moet de kunst verstaan om de zuurstoftoevoer te doseren. Dit gebeurt door de keuze van de fusten. Kleine fusten geven de zuurstof meer kans om door te dringen dan grote fusten.

Klaring
Om te voorkomen dat de wijn later weer vertroebelt, moet men hem klaren. Naargelang van de wijnsoort gebruikt men bentoniet, caseïne, kippeëiwit, enz. als klaringsmiddel. Deze stoffen nemen de ongerechtigheden op in vlokken die naar de bodem zinken.

Tweede overheveling
De afwerking van de wijn houdt meestal op, als hij voor de tweede maal wordt overgestoken. De geklaarde wijn wordt op een andere vat overgestoken. Het bezinksel blijft achter in het eerste fust. Langdurig rijpende wijn wordt ongeveer tweemaal per jaar overgestoken. Na twee of drie jaar is de wijn uitgeklaard.

Assemblage
Rode wijn wordt vaak samengesteld uit verschillende druivesoorten. Meestal wordt elke soort apart vergist en gestructureerd. Na de tweede overheveling worden ze naar wens met elkaar vermengd. Menig keldermeester gaat al tot mengen over na de eerste overheveling.

Filtratie
Veel verbouwers van rode wijn filtreren de wijn om hem van de laatste onzuiverheden te ontdoen. Maar bij het filtreren worden de wijn ook opbouwende elementen ontnomen. Daarom zien kwaliteitsbewuste wijnbouwers vaak af van filtratie van wijnen die lang op vat gerijpt hebben.

Botteling
Na de filtratie wordt de wijn gebotteld. Zo krijgt hij voor de verkoop nog een paar weken of maanden rust. Intussen rijpt de wijn op de fles verder. Steeds meer wijnbouwers verkorten de rijpingstijd op fust en kiezen voor een langere rijping op de fles.

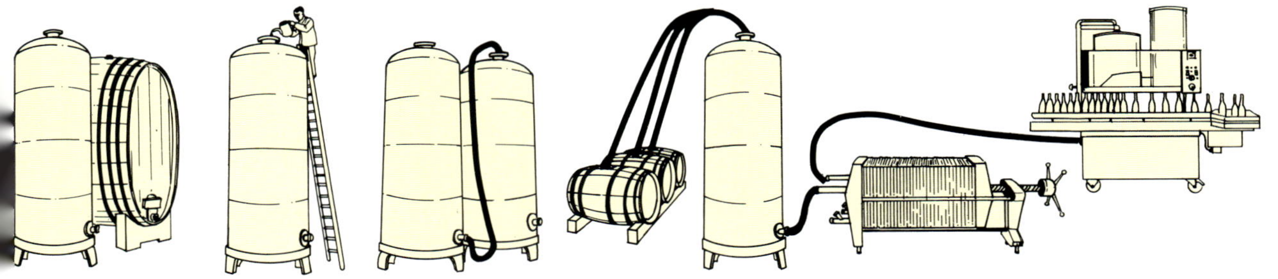

Rijping
De meeste witte wijnen krijgen weinig tijd om te rijpen. Ze worden vaak al in de maand februari na de oogst verkocht. Krachtige, volle wijnen vormen de uitzondering. Ze rijpen maanden, sommige zelfs een jaar lang (of langer), veelal in kleine fusten. Grote fusten worden tegenwoordig nog maar zelden gebruikt.

Stabilisering
Tijdens de rijpingsfase moeten er voorzorgen tegen depotvorming genomen worden. Bezinksel (depot) wordt in witte wijn niet getolereerd. Als stabiliserings- of klaringsmiddel gebruikt men vooral vislijm (van grote steur, steur of meerval).

Tweede overheveling
Als de wijn geklaard en gestabiliseerd is, wordt hij nogmaals, een laatste keer, overgestoken op een andere fust.

Assemblage
Voor de botteling wordt de wijn met gelijkaardige wijn uit andere fusten vermengd, om een homogene kwaliteit te verkrijgen. Menging met andere wijnstokrassen wordt zelden toegepast op witte wijn. De meeste witte druiven worden samen geplukt en samen gegist.

Filtratie
Voor de botteling wordt de witte wijn nog eenmaal lichtjes gefiltreerd om alle zwevende deeltjes en onzuiverheden te verwijderen en om het risico van nagisting te vermijden.

Botteling
Meteen na de filtratie wordt de wijn afgekoeld. Flessen en kurken zijn gesteriliseerd. Vaak wordt nog wat stikstof in de fles gebracht, om de wijn fris te houden. Veel wijnbouwers laten de flessen nog enkele weken of maanden in de kelder tot rust komen.

Moderne kelders voor rode wijn in Bourgondië. Ook eerbiedwaardige rode wijnen met aloude faam worden dezer dagen in moderne, roestvrijstalen tanks gegist en daarna in kleine eikenhouten fusten te rijpen gelegd. Daar moeten ze karakter krijgen. De manshoge houten kuipen en vaten zijn uit de meeste kelders verdwenen. Voor wijnromantiek is er geen tijd meer.

Het houten vat is meer dan een recipiënt

Het houten vat of fust is tot op heden de belangrijkste recipiënt voor de rijping van de wijn gebleven. Het bestaat uit twee bodems en de repen, die convex gebogen zijn, waardoor ze een karakteristieke, buikige vorm krijgen. De repen worden bij elkaar gehouden met gegalvaniseerde, metalen hoepels.

De moderne vatenfilosofie.

Anders dan vroeger worden tegenwoordig de grootte van het fust en de houtsoort zorgvuldig op de wijn afgestemd. Zo komt het dat er vandaag de dag overal ter wereld een tendens bestaat om kleine fusten te gebruiken. Dit wordt mede bepaald door een toenemende vraag bij de handel en de consumenten naar wijn die vroeger rijp en vroeger drinkbaar is. In verband daarmee zijn kleinere fusten meer geschikt dan grote.
Zij beschikken in verhouding tot de hoeveelheid wijn die ze bevatten over een ruimere houtoppervlakte. Dit wil zeggen: er dringt meer lucht door de poriën dan bij grote vaten. De wijn rijpt sneller en intenser.
Hij kan al na zes, twaalf of achttien maanden (naargelang van het type) uit het vat gehaald worden. Samen met de kleine fusten is het gebruik van jong hout doorgebroken: barriques worden bijvoorbeeld al na drie jaar afgedankt. Jong hout, eikehout in het bijzonder, geeft aan de wijn tannine door en beïnvloedt zijn smaak. Dat is een dubbel voordeel. Fusten, die meerdere jaren gebruikt worden, produceren geen tannine meer. Ze zijn qua smaak neutraal geworden. Naast de standaardmaten en standaardvormen bestaan er tal van aparte vormen en maten.

Groot houten vat

Stukvat

Het grote houten vat

Het is meestal van eikehout, een enkele keer ook van kastanje- of kersehout, heeft een capaciteit van 5.000 tot 100.000 liter en kan 50 jaar of vaak langer gebruikt worden. Al na enkele jaren geeft het hout geen tannine meer aan de wijn door. Het heeft dus geen invloed meer op de smaak. Vergeleken met de capaciteit is de hoeveelheid zuurstof die door de duigen dringt relatief gering. Hierin rijpt de wijn langzaam. Grote houten vaten worden soms gebruikt voor rode wijn zoals barolo, chianti, brunello di montalcino, spätburgunder uit Baden, en rode wijn van Württemberg, en - althans in Duitsland - voor sommige, hoogwaardige witte wijnen.

Het stukvat

Dit aan de Moezel en de Rijn gebruikelijke fust, ook 'foeder' genoemd, waarin de wijn gestructureerd en vaak nog gegist wordt, heeft een capaciteit van 1200 liter. Het is meestal uit Duits eikehout vervaardigd. In de Rheingau gebruikt men veelal het halfstukvat (600 liter), in de Pfalz en in Rheinhessen het dubbelstukvat (2400 liter).

Pijp

Zo noemt men het traditionele port-sherry- of marsalavat. De pijp, 'pipe', werd door Britse kooplui uitgevonden om de wijn overzee te verschepen. Het is tegelijk transportmiddel en wijnmaat (500 liter) en het wordt nog altijd voor het opslaan van versterkte wijn gebruikt. Afwijkingen qua inhoud naar boven of naar onder komen wel eens voor.

Pièce/barrique

De capaciteit van de Bourgondische 'pièce' is 228, die van de Bordelese 'barrique' 225 liter. Ze worden beide voor de rijping van rode wijn gebruikt. Haast altijd zijn ze uit jong, liefst Frans eikehout gemaakt: de Limousin-eik met wijde poriën (ook voor rijping van cognac gebruikt), de Allier- of Nevers-eik met middelgrote poriën, de gladde Vogezen-eik met enge poriën.
Al deze soorten zijn tanninerijk en versterken de smaak van de wijn. Na hooguit drie jaar worden ze afgedankt.
Vanwege de stijgende vraag, ook uit Californië en Italië, wordt ook eikehout uit Hongarije, Roemenië, Slovenië en de VSA gebruikt. De Franse houtvesterij kan de vraag niet bijhouden.

Pijp

Pièce/barrique

De som van verschillende wijnen bepaalt het aanzien van het eindprodukt

Niet elke wijn wordt met slechts één druivesoort bereid. Integendeel, aan de meeste wijnen komen twee, drie of meer druivesoorten te pas. Pas door de menging krijgt de wijn zijn harmonie, zijn volheid, zijn voltooiing. De menging van de wijn (het samenvoegen van geselecteerde wijnen in bepaalde verhoudingen) wordt assemblage genoemd. Ze is vergelijkbaar met de menging ('blending') van whisky.

Het assemblage-procédé is uit Frankrijk afkomstig. Daar worden haast alle wijnen met meerdere druivesoorten bereid. Aan de witte bordeaux komen vaak twee, aan rode bordeaux vaak vier, aan champagne vanouds drie, aan châteauneuf-du-pape zelfs dertien soorten te pas. Meestal volgt de assemblage een vast patroon. De druiven worden per soort geplukt. De most wordt apart tot wijn verwerkt. De wijn wordt in aparte vaten of tanks afgewerkt. De keldermeester tapt van elk vat een fles af. Met behulp van maatbekers worden de wijnen dan in de juiste verhouding bij elkaar gegoten. Hierna wordt het wijnmengsel door meerdere personen geproefd. Is de smaak bevredigend, dan blijft het mengsel behouden. Zoniet, dan probeert de keldermeester andere mengsels uit totdat het optimale resultaat bereikt is. Daarna worden de verschillende wijnen met elkaar in precies dezelfde verhouding gemengd.

De betekenis van de assemblage. De assemblage is lastig maar ook belangrijk voor het wijngoed. Want het gaat er immers om de wijn zijn optimale en beslissende kwaliteit te geven. Daarom worden slechts de meest beproefde verhemeltes bij de assemblage toegelaten : uiteraard de keldermeester en de eigenaar van het wijngoed, een oenoloog (wijndeskundige), vaak een bevriend wijnhandelaar, gastronoom of collega-wijnbouwer. In elk geval gaat het om kleine groepjes van drie tot zes personen. Zij proeven doorgaans niet slechts drie of vier wijnen in verschillende mengverhoudingen maar wel meerdere dozijnen wijnen. Want van elke druivesoort is er meer dan één fust beschikbaar. Geen enkel fust bevat dezelfde

Assemblage in het Château Margaux : zes personen zoeken het juiste mengsel.

Christian Bizot, medeëigenaar van het champagnehuis Bollinger in Ay

Wanneer vindt de assemblage plaats?
Bizot: 'In de maand februari of maart volgend op de oogst.'

Hoeveel personen nemen in uw bedrijf aan de assemblage deel?
Bizot: 'Normaal zijn wij met zes: de keldermeester, de œnoloog, de directeur-generaal, mijn beide zonen en ik.'

Hoeveel wijnen moeten geproefd worden?
Bizot: 'Onze topchampagne, de 'cuvée spéciale', wordt in grote stalen tanks gegist. We hebben 20 tanks pinot noir, 5 tanks chardonnay en 1 tank pinot meunier. Dit betekent 26 stalen, die gekeurd moeten worden. Dat doen wij in een halve dag.'

Is daarmee de hele assemblage afgelopen?
Bizot: 'O nee. In de 'cuvée spéciale' zit altijd nog een bepaald deel oude wijn. Die wordt bij Bollinger in magnumflessen opgeslagen. Dus moeten we nog minstens 50 verschillende oude wijnen proeven.'

Daarmee stelt u het definitieve mengsel samen?
Bizot: 'Nog niet. We moeten eerst nog wijnen proeven, die in kleine fusten gegist worden: ongeveer 150 stalen. Deze wijnen zijn weliswaar bestemd voor de champagnes met jaartal, maar er zit altijd nog wel een fust bij, die we ook voor de 'cuvée spéciale' gebruiken.'

Maar daarna heeft u eindelijk de juiste samenstelling?
Bizot: 'Dan weten we uit welke partijen wijn het mengsel zal samengesteld worden. De keldermeester dient dan nog uit de geselecteerde partijen vier verschillende mengsels samen te stellen.'

Eén daarvan is de uiteindelijke keuze?
Bizot: 'De mengsels worden een maand lang alsmaar opnieuw geproefd. Vaak veranderen we ze. Vaak is het eerste mengsel het beste.'

Hoe definieert u de stijl van uw champagne?
Bizot: 'Ho maar, de champagne is nog niet klaar. Hij moet eerst nog drie jaar rijpen met het depot en wordt vervolgens van zijn depot ontdaan. Pas daarna mogen we het over 'stijl' hebben en die is: elegant en fruitig boeket, droge, lichtjes nootachtige smaak.'

kwaliteit, al is de wijn in het fust van een zelfde druivesoort afkomstig. In de bordeaux- en de champagnestreek is de assemblage uiterst belangrijk.

Het voordeel van de assemblage. Niet àlle druiven bereiken elk jaar een optimale rijpheidsgraad. Het voordeel van assemblage is dat de zwakte van bepaalde wijnen kan opgevangen worden door een groter aandeel beter gerijpte wijnen. Komt daar nog bij dat niet alle druiven tegelijk geplukt worden. Merlot bv. is een vroegrijpe, cabernet sauvignon een laatrijpe soort. Indien een wijn beide soorten bevat, zoals bij de bordeaux, dan is het voordeliger beide apart te plukken en pas voor de botteling tot menging over te gaan. Hoe gunstig assemblage wel is, blijkt duidelijk, als het tijdens de oogst begint te regenen. Een deel van de druiven komt volrijp in de kelder, een ander deel komt verregend in de kelder. Nadien heeft de keldermeester dan de kans om de ontwikkeling van beide delen van de wijn af te wachten, beide te proeven en pas dan te beslissen hoeveel van de dunnere wijn bij de andere kan gevoegd worden.

Gemengde verwerking. In het Rhône- of in het chiantigebied, waar de wijnen ook uit meerdere soorten samengesteld worden, worden de druiven meestal samen geplukt en samen gegist. Assemblage achteraf is niet mogelijk en correcties in een later stadium kunnen niet meer. Doch de druiven zijn daar wel ongeveer tegelijkertijd rijp. Deze wijnen zijn dus het resultaat van gemengde verwerking.

Assemblage in maatbekers.

De elite van de witte wijn

De champagne wordt beschouwd als de fraaiste aller schuimwijnen. Hij geniet althans de grootste faam en was, historisch bekeken, de eerste schuimwijn die op fles gistte. Dit procédé kreeg de naam : méthode champenoise. Thans wordt gisting op fles niet meer alleen in Champagne maar haast overal ter wereld toegepast. Het typische kenmerk van de champagne is dus niet de 'méthode champenoise' maar wel de finesse van deze wijn, zijn ongeëvenaard raffinement. Benedictijnermonnik Dom Pérignon, één der champagne-pioniers, verzuchtte ooit : 'Ik drink sterren !'

De eerste drie maanden na het rijpingsproces brengt de champagne door in 'pupitres', lessenaars met schuinstaande planken. Het depot zakt langzaam naar de kurk. Dit noemt men de 'remuage' : de flessen worden gedraaid, geschud en getild door de 'remueurs'. Het komt er op aan dat het gistdepot niet aan de flessehals kleeft en naar de kurk zakt.

De 'dégorgement' of verwijdering van het depot gebeurt als volgt : de flessen worden met het topje van de hals door een ijskoud pekelbad gevoerd. Het bezinksel bevriest. Vervolgens wordt de fles geopend, waardoor het propje vanwege de druk in de fles wegschiet. De wijn is nu volledig helder en schoon. De definitieve kurk wordt aangebracht.

Wat is champagne ? 'Champagne is een witte wijn'. Zo luidde de snedige verklaring van de legendarische Lily Bollinger. Eigenlijk wilde ze zeggen : dit is geen in de kelder gefabriceerd drankje maar een natuurlijk produkt van de wijnbouw. Inderdaad, de speciale eigenschappen van de champagne zitten in de basiswijn, niet in de bewerking van deze basiswijn. De wijnstokken groeien op een bodem die men uitsluitend daar vindt : een verblindend witte krijtgrond. Daar gedijen de champagnedruiven het best.

De champagne-druiven groeien in een klein gebied, 150 km ten noordoosten van Parijs, in de buurt van Reims. 99 procent van de wijngaarden zijn er beplant met drie soorten : de witte chardonnay en de blauwe pinot noir en pinot meunier (de twee laatsten worden zonder schil gegist en leveren dus witte wijn op). De meeste champagnes worden uit deze drie soorten samengesteld. De chardonnay staat in voor de verfijning en het boeket, pinot noir voor de volheid en het alcoholgehalte en de pinot meunier (in Duitsland : schwarzriesling) voor lichtheid en fruitigheid. De mengverhouding van deze drie soorten bepaalt de stijl van een champagnehuis.

De bereiding van champagne. Eerst worden de basiswijnen afgewerkt en geassembleerd. Maar daar wordt later nog wijn van verschillende jaargangen aan toegevoegd. Op enkele uitzonderingen na is de bereiding dezelfde als voor andere witte wijn. Bij het bottelen wordt een weinig 'liqueur de tirage' (d.i. suiker en gist opgelost in een beetje wijn) in de fles gegoten. De gist zal in de al uitgegiste wijn andermaal een gisting op gang brengen. De suiker fungeert als voedingsstof voor de gist.
Deze gisting op de fles, waarin de champagne later verkocht zal worden, duurt ongeveer 30 dagen. Na de gisting op fles is het alcoholgehalte met ongeveer 1 graad gestegen. De fles wordt met een speciale kroonkurk hermetisch afgesloten, zodat de kooldioxyde niet kan ontsnappen. Pas als de fles geopend wordt komt het in de vorm van koolzuur te voorschijn.

De rijping van de champagne vindt plaats in kelders, die veelal in de krijtbodem uitgegraven zijn.
Vaak zijn het oude Romeinse krijtgroeven. Daar rijpt de champagne in de regel gedurende drie jaar op de gist in de fles. Voor betere kwaliteiten, voor de jaargang-champagne ('millésime') of voor een cuvée de prestige kan dit tot zeven jaar oplopen.

Een goed champagne mousseert altijd stevig. Het schuim moet snel en krachtig te voorschijn komen en zich daarna langzaam oplossen. Het parelen van de wijn is ook belangrijk. De belletjes moeten klein zijn - dit is een bewijs van verfijning - en regelmatig, als aan een draadje opstijgen. Het oog mag ook iets hebben. Gebruik daarom het slanke, tulpvormige champagneglas.

De verwijdering van het gistdepot, dat door de stand van de fles tegen de kurk is komen te zitten ('le dégorgement'), is één van de laatste stadia (zie hierboven). Voor het afsluiten van de fles voegt men er nog de 'liqueur d'expédition' aan toe om de smaak af te ronden. Dit is een mengsel van champagne, rietsuiker en soms ook een beetje esprit de cognac. Zo komt het dat de meeste champagnes, ook als ze als 'brut' verkocht worden, een fijn vleugje zoetigheid bezitten. Nadat de fles is bijgevuld, krijgt ze de definitieve kurk met het metalen plaatje en het muilkorfje, dat de kurk vasthoudt.

Andere schuimwijnmethodes. Door gisting op de fles verkrijgt men de beste schuimwijnen. Maar het is een zeer omslachtige en dure methode. Bij toepassing van de vereenvoudigde overheveling gist de wijn ook op de fles, maar hij wordt daarna overgegoten, in tanks gefiltreerd en onder druk weer op flessen getrokken. Wordt de nog eenvoudiger Charmat-methode toegepast, dan vindt de tweede gisting in grote tanks plaats. Deze twee methodes zijn goedkoper. Ze worden over heel de wereld toegepast op minder geraffineerde schuimwijn, zoals sekt, spumante en sparkling wine. Toch worden dergelijke schuimwijnen ook nog vaak volgens de omslachtige champagnemethode bereid (bv. cava). Op hun etiket mag evenwel niet verwezen worden naar de champagnemethode. In plaats daarvan vermeldt men : 'méthode traditionnelle'.

In enkele befaamde champagnehuizen zoals Bollinger worden de beste wijnen nog in kleine eikehouten fusten gegist en gerijpt op magnumflessen met natuurkurken.

Smaakschakeringen in champagne		
Extra brut	de hoeveelheid 'dosage' wordt uitgedrukt in g/l of %	zeer droge smaak
Brut	idem	droge smaak
Extra dry/sec	idem	minder droog
Dry/sec	idem	half zoet
Demi-sec	idem	zoet
Doux	idem	zeer zoet

Schuimwijnspecialiteiten	
Millésime (jaargang-champagne)	Alleen uit wijn van een zeer goed jaar samengesteld.
Blanc de blancs	Alleen met witte druiven vervaardigde schuimwijn.
Blanc de noirs	Enkel uit pinot noir en/of pinot meunier geperst.
Champagne rosé	Wanneer de rode druiven een tijdje meegisten, krijgt de basiswijn een rosékleur.
Crémant	Lichter mousserende schuimwijn (druk slechts 3,6 bar).
Cuvée de prestige	Topchampagne, alleen uit wijn van de beste jaren en van grand-cru-percelen (vaak is de 'dégorgement' met de hand uitgevoerd).

Zuur en zoet : een ideale combinatie

Zoete kwaliteitswijn wordt in de wijnhandel als een specialiteit aangeprezen. Maar in het assortiment neemt hij maar een kleine plaats in. Er is vandaag duidelijk meer vraag naar droge wijn die men bij het eten kan drinken.
De consument ziet de zoete kwaliteitswijn veeleer als aperitief of als dessertwijn, als iets waaraan zuinig genipt moet worden.
De uitzonderlijke verfijning van deze wijn zit niet in de concentratie van zoetheid maar in het geraffineerde spel met de felste zuren. Deze zuren houden de wijn jaren, zelfs decennia fris. Zoete kwaliteitswijn is een lang leven beschoren. Ook als hij zeer oud is, behoudt hij nog een volle, weelderige smaak : een kwaliteit die men elders alleen bij grote rode wijn vindt.

Zoete kwaliteitswijn is een zeldzaam goed. Niet elk jaar, niet in elke wijngaard worden de juiste klimatologische voorwaarden vervuld, waarin men overrijpe druiven kan oogsten. Vooral gebieden met een hoge luchtvochtigheid in de ochtenduren (door ochtendnevel of de nabijheid van wateroppervlakten) en met een droge warmte in de namiddag zijn bijzonder geschikt. Maar ook daar moeten de plukkers drie- tot tienmaal langs de ranken gaan om een paar door edele rotting aangetaste druiven te oogsten. Bij de selectie van 'trockenbeerenauslesen' kan men dikwijls maar een deel van de tros gebruiken. De geselecteerde druiven moeten er met een schaar uitgeknipt worden. Deze droge druiven worden onder hoge druk geperst.

Adellijke druiven in het Château d'Yquem die haast onsterfelijke wijn opleveren.

Sauternes

Wereldberoemde zoete, witte kwaliteitswijn van laat geoogste droge of edelrotdruiven uit het stadje Sauternes, ten zuiden van Bordeaux.
De verwerkte soorten : sémillon, sauvignon en muscadelle. De romige zoetheid van de wijn is te danken aan natuurlijke, vergiste restsuiker (alcoholgehalte ca. 14 vol. %). Meestal afgewerkt in een kleine fust. Zeer lang bewaarbaar : de beste sauternes, Château d'Yquem, is zo goed als onsterfelijk.

Tokajer

Legendarische zoete, witte kwaliteitswijn uit de omgeving van Tokaj in Oost-Hongarije, nabij de Slovaakse en de Oekraïense grens. De beste kwaliteit is zeer complex en blijft zeer lang goed, maar is daardoor ook moeilijk te vinden en zeer duur. De droge basiswijn (meestal furmint) wordt aangevuld met de pulp van edelrotdruiven. Hoe meer edelrotpulp er aan te pas komt, des te waardevoller is de wijn. De kwaliteit van de wijn wordt namelijk bepaald door het aantal kuipjes pulp van edelrotdruiven dat bij de basiswijn gevoegd wordt.

Auslese, beerenauslese, trockenbeerenauslese

Het gaat van zoet tot zeer zoet en uiterst verfijnd. Wijn die met laat geplukte, overrijpe en/of edelrotdruiven gemaakt wordt treft men ook wel aan in Duitse en Oostenrijkse wijngebieden : Mosel, Saar, Ruwer, Rijnland,

Nahe, Main, Baden ... De meest geschikte druif is de riesling. Maar ook andere soorten worden gebruikt.

Druiven voor de 'Eiswein' worden door een plastic zeil tegen vochtigheid beschermd.

Dank zij de botrytis (grauwe schimmel) krijgen deze wijnen een speciaal accent. De botrytis komt echter niet elk jaar voor. De wijn kan lang bewaard worden en is bijzonder duur.

Grains nobles

Specialiteit uit de Elzas. Afkomstig van laat geoogste edelrotdruiven vooral uit de rieslingdruif, langzaam vergist met een flinke hoeveelheid restsuiker. Slechts mogelijk in zeer goede jaren van klasrijke wijngaarden. Zijn zeldzaam en bepaald niet goedkoop.

Ausbruch

Stroperige, zoete kwaliteitswijn, vergelijkbaar met tokajer en volgens een gelijkaardig procédé vervaardigd, vindt men ook in Burgenland en wel speciaal in het plaatsje Rust aan het Neusiedlermeer (Oostenrijk).

Recioto di Soave

Dit is één der weinige zoete kwaliteitswijnen van Italië. Hij wordt gemaakt met overrijpe, gedeeltelijke botrytisdruiven (vooral garganega), die eerst aan de wijnstok rijpen en later op een koele, luchtige plaats onderdak (deels op stromatten, deels hangend) verder rijpen. Daarna worden ze geperst en in kleine fusten gegist. Dit levert een zeer gebalde, extractrijke en nobele wijn op.

Vin Santo

Deze traditionele Toscaanse dessertwijn wordt gemaakt met druiven die op een goed verluchte plaats gedroogd worden, totdat een derde van hun sap verdampt is (soorten : trebbiano, malvasia, occhio di pernice, grecchetto). Daarna worden de druiven geperst en hun suikerrijk most gist drie tot vijf jaar in kleine fusten. De smaak kan zowel robuust als fijn zijn maar heeft in elk geval een uitgesproken karakter.

Eiswein

Dit is een Duitse specialiteit, die haar bestaan waarschijnlijk dankt aan de vorst tot min 10° die in november en december intreedt in de noordelijke wijngebieden van Duitsland. Verbouwers van Eiswein speculeren op die vorst en laten gave en gezonde druiven hangen in de wijngaard. Als het vocht in de druiven bevriest, worden ze geperst. Hierdoor verkrijgt men een sterk geconcentreerde most, die gegist wordt tot een geraffineerde, zoete wijn.
Hij heeft een honingzoet boeket en een romige, volle smaak. De kleur is goudgeel.

Zoetheid en alcohol horen samen, likeurwijn heeft ze beide

Likeurwijnen behoren tot een aparte categorie in de wijnwereld. Hun hoog alcoholgehalte (tussen 15 en 21 Vol. %) danken ze niet alleen aan de zonneschijn in de wijngaard. Dat gehalte is immers ook door mensenhand opgevoerd. In de wijnkelder wordt inderdaad alcohol (wijnalcohol, brandewijn) aan de niet geheel uitgegiste wijn toegevoegd. Men noemt likeurwijn daarom 'versterkte wijn'. De bekendste gealcoholiseerde wijnen zijn : port, sherry, madeira en marsala.

Groot portvat in een rijpingskelder in Porto.

Alcoholisering. Er wordt vaak verteld dat likeurwijn gealcoholiseerd werd om hem langer houdbaar te maken met het oog op de lange scheepsreis die hem te wachten stond. Het klopt dat alcohol een bewaarmiddel is en dat de Britse zeelui in de 18de eeuw geruime tijd op zee waren, voor ze in Londen konden afmeren.
Maar zeker port, de meest prestigieuze likeurwijn, wordt om heel andere redenen gealcoholiseerd. De alcohol stopt de gisting in de niet geheel uitgegiste wijn, die nog minstens de helft van zijn druivesuikers bevat, en zo blijft de wijn zoet. Andere likeurwijnen werden lange tijd niet versterkt : ze smaakten uitgesproken hard en lomp.
Wakkere handelslui hadden het idee zoete brandewijn toe te voegen. Zoet en alcohol harmoniseren best met koppige, zware wijnen.

Zoetheid. Alle likeurwijnen stammen uit wijnstreken, waar hoge temperaturen heersen. Daarom noemt men ze wel eens 'zuidelijke wijnen'. Niet alleen in Portugal en Spanje maar ook in Zuid-Afrika en Australië bestond de wijnproduktie tot voor 50 jaar nog vooral uit likeurwijn. In die regio's geteelde druiven produceren veel suiker. Dus stijgt ook het alcoholgehalte van de wijn. Doorgaans zit er zoveel suiker in de druiven, dat de wijn nog een opmerkelijke zoetheid behoudt na het gistingsproces. De zoetheid is zelfs sterker dan bij zoete wijn van ingedroogde druiven. De wijn bevat meer fructose. Bij de zoete kwaliteitswijn wordt de zoetheid afgezwakt door zuren. Doch in likeurwijn wordt de zoetheid door de alcohol gemilderd.

Port

Zware Portugese likeurwijn, kortom port, is bloedrood tot roodbruin van kleur, is zeer zoet en bevat veel alcohol (19 tot 21 Vol. %). Port kan een zeer respectabele leeftijd bereiken en daarbij almaar lekkerder worden. Hij wordt uit om en bij de 40 druivesoorten, waaronder ook witte, samengesteld. De naar rozijnen en gedroogde vruchten smakende wijn wordt met 77-procents wijnalcohol vermengd en in kleine fusten afgewerkt.

Sherry wordt in tamelijk kleine vaten - pijpen - opgeslagen

De eenvoudigste port staat als ruby bekend. Die rijpt slechts twee jaar, terwijl de tawny 20 of meer jaren in het fust verblijft. De natuurlijke volumevermindering wordt door aanvulling met jonge wijn verholpen. Daarom bestaat tawny altijd uit meer dan één jaargang. In zeer grote jaren wordt ook vintage, jaargang-wijn, op kleine fusten overgestoken waar hij twee tot drie jaar rijpt en vervolgens op flessen getrokken wordt om nog tien jaar of langer verder te rijpen.

Madeira

Dit is zware, alcoholrijke, amber- tot melassekleurige likeurwijn, samengesteld uit de druivesoorten sercial, verdelho, bual en malmsey. Het smakengamma gaat van droog tot zeer zoet. Speciaal is het langdurig verblijf in verwarmde kelders ('estufas'). Hierdoor krijgt de wijn een eigenaardige, ranzig-nootachtige, boterachtige karamelsmaak. Na de gisting wordt madeira meestal gealcoholiseerd, maar voldoende zoete wijn ondergaat die bewerking nog tijdens de gisting. Opgeklaarde, 20 jaar oude madeira, behoort tot de wereldwijntop.

Sherry

Deze wereldberoemde likeurwijn uit de omgeving van Jerez in Zuid-Spanje heeft deels een droge, nootachtige smaak, deels een rijkelijk zoete smaak met een vleugje droge vijgen en dadels. Na de gisting wordt de basiswijn in fino- en olorosokwaliteiten opgedeeld. Fino rijpt onder een laag florschimmel. Deze flor vindt men alleen in het sherrygebied en hij schermt de wijn volledig af van de zuurstof. Daarom is de kleur van fino lichter dan die van de amberkleurige oloroso, die meer alcohol bevat. De fino wordt vaak tot droge sherry verwerkt en heeft een pittige smaak. De amontillado is een oude fino, die absoluut droog is, een zeer rijk aroma en een volle afdronk heeft. Oloroso wordt niet altijd verzoet en kan ook droog zijn. De zoete, weelderige oloroso is een klasse apart, althans als hij niet artisanaal gemaakt wordt.

Marsala

Deze likeurwijn stamt uit Sicilië en is samengesteld met de witte soorten inzolia en grillo. De marsala wordt na de gisting met mistella (zoet, ongegist mostconcentraat en wijnalcohol) versneden en lange tijd gerijpt. Het volumeverlies wordt verholpen met toevoeging van jongere marsala. Marsala vergine is droog met een zoethout-, honing- en amandelsmaak. Marsala superiore riserva wordt lange tijd opgeslagen, is vaak halfdroog, soms zeer zoet. Marsala op zijn best doet je wegdromen.

Aan de fles kent men de wijn

In de fles wordt de aan bederf onderhevige wijn bewaard. Het glas moet voorkomen dat de wijn in contact komt met zuurstof. In minder luchtdichte recipiënten zou de wijn snel oxyderen : hij zou verzwakken, flets gaan smaken en uiteindelijk verschralen. Maar de fles is ook een herkenningsteken van een wijn. Bepaalde modellen en kleuren zijn namelijk typisch voor wijn uit bepaalde streken. Het gebruik van bepaalde modellen is niet verplicht maar verwijst naar de traditie, de herkomst en vaak ook naar de echtheid.

De vorm van de fles.

De fles is meer dan een functioneel recipiënt. Ze is een esthetisch voorwerp, waarvan de vorm zou moeten overeenstemmen met de inhoud, althans in de geest van de wijndrinker. Daarom hebben wijnbouwers uit vele wijnstreken gekozen voor een eigen model. Dit flessemodel wordt dan, hoewel het zelden wettelijk beschermd is, een herkenningsteken voor hun wijnstreek.

1. Schlegelfles

Elegante, oude vorm met lange hals, die al begin 20ste E. voor rijn- en moezelwijn werd gebruikt (voor rijnwijn, bruin glas ; voor moezelwijn, groen glas). Wordt vandaag ook in andere streken voor witte wijn gebruikt.

2. Bordeauxfles

Moderne vorm van de oude bordeauxfles met brede, hoge schouders en een cilindervormig lijf (de antieke bordeauxfles versmalde naar de voet toe) ; geldt als klassiek model en wordt vandaag voor allerlei rode wijnen van allerlei herkomst gebruikt ; het glas kan zowel groen, bruin als kleurloos (voor graves en sauternes) zijn.

3. Bourgognefles

Traditioneel model dat al in vorige eeuw gebruikelijk was ; een dikbuikig lijf met afhangende schouders ; wordt zowel voor rode als voor witte wijn gebruikt (zowel bruin als geelgroen glas) ; vandaag algemeen gebruikt voor pinot noir- en chardonnaywijn.

4. Albeisa

Een fles die pas in de jaren '70 werd ingevoerd voor de wijn uit Alba in Piemonte : barolo, barbaresco, dolcetto, roero.
De vorm is geïnspireerd op een oude kruik, die al in de 17de E. voor het bewaren van streekwijn gebruikt werd. De albeisa is een beschermd model maar de wijnbouwers zijn niet verplicht het te gebruiken.

5. Kegelfles

Folkloristische fles die na de tweede wereldoorlog ingevoerd werd voor Provençaalse rosés en snel een herkenningsteken voor de wijn van deze streek is geworden. Dezer dagen geven veel producenten de voorkeur aan een klassieke bordeauxfles.

① ② ③ ④ ⑤ ⑥ ⑦ ⑧ ⑨

6. Plat-ronde fles
Typische recipiënt voor wijn uit Franken (resp. Badens Frankenland), 'Bocksbeutel' genoemd, voorgeschreven voor alle kwaliteits- en predikaatswijnen uit de streek. De vorm verwijst naar een verordening uit 1728, waarin de stadsmagistraat van Würzburg de plat-ronde fles voorschreef als waarborg voor 'de echtheid en de inhoud'.

7. Flûte d'Alsace
Deze slanke, groene fles met een cilindervormig lijf vernauwt geleidelijk naar de hals toe. Ze wordt in de Elzas door haast alle wijnbouwers gebruikt. Ook vaak gebruikt in andere Franse wijnstreken, in Duitsland, Oostenrijk en Zwitserland.

8. Champagnefles
Klassieke recipiënt voor schuimwijn. Lange hals, waarin het depot wordt afgezet tijdens de 'remuage'; kegelvormige instulping in de flessebodem, om eventueel bezinksel aan het gezicht te onttrekken. Meestal uit dik glas om aan de koolzuurdruk te weerstaan. Wordt vandaag door alle schuimwijnproducenten ter wereld gebruikt.

9. Portfles
Gedrongen fles met ronde schouders en krophals. Typisch model voor veel andere likeurwijnen, zoals sherry. Geblazen uit donker, tegen ultraviolette straling bestand glas om de wijn tegen het licht te beschermen.

Wat vertelt ons het etiket?

Het etiket is het visitekaartje van de wijn. Het moet er niet alleen mooi uitzien, het moet ook in weinig termen de consument uitsluitsel geven over de herkomst, de classificatie en de bijzondere eigenschappen van de wijn.

Amerikaanse etiketten zijn duidelijk en eenvoudig om af te lezen: jaargang, herkomst, wijnstokras, alcoholgehalte en wijnbouwer krijgen elk een regel.

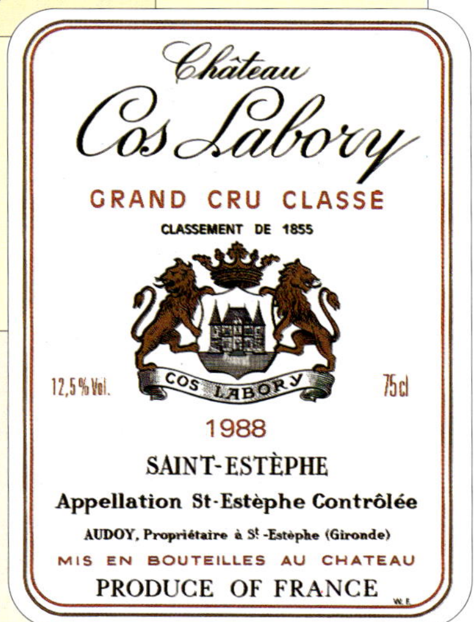

Franse kwaliteitswijn met de appellation Saint-Estèphe. De vermelding 'classement de 1855' bevestigt dat deze wijn in 1855 zijn classificatie als 'grand cru' heeft verkregen.

Toscaanse wijn met merknaam: een deel van de beste Italiaanse wijn komt onder eigen merknaam en als tafelwijn (vino da tavola) op de markt.

De wijn rijpt zoals hij bewaard wordt

Privé-wijnkelder: een constante temperatuur is belangrijk.

Geduld is een zeldzaam goed bij wijndrinkers. Nauwelijks hebben ze een goede fles in hun bezit, of ze wordt al gekraakt. Gevolg: de meeste wijn wordt te jong gedronken. Geduld zou in dit geval zeer lonend kunnen zijn. Want vele wijnen hebben baat bij enkele maanden, sommige wijnen bij enkele jaren, enkele wijnen bij enkele tientallen jaren rust op de fles - ook als die wijnen voordien al geruime tijd op het fust gerijpt hebben.

Verfijning. De vakman maakt een onderscheid tussen rijping en verfijning. Rijping vindt op het fust plaats, verfijning op de fles. Dat geldt zowel voor rode als voor witte wijn. Omdat wijn zich in een fles langzamer ontwikkelt dan in een houten fust, is verfijning de boodschap. Grote jaargangen of kwaliteitswijn hebben meer tijd nodig om zich te verfijnen dan wijn van mindere jaren of eenvoudiger wijn. De tabel op p. 73 geeft de gemiddelde bewaartijd aan.

De kelder. Wie een wijnvoorraad aanlegt, heeft een kelder nodig. De kelder moet donker zijn. Want licht tast bij langere bewaartijden de kleur van de wijn aan. Rode wijn wordt lichter, witte donkerder. De kelder moet trillingvrij zijn. Een druk bereden straat in de onmiddellijke nabijheid of een geregeld aanslaande verwarmingsinstallatie veroorzaken trillingen en schaden de wijn. De luchtvochtigheid moet tussen 70 en 80 procent liggen. Als de kelder niet vochtig genoeg is,

Nuttige tips

Schimmelwering
Wie een vochtige kelder heeft, kan zijn flessen in cellofaan of huishoudfolie wikkelen. Zo kunnen etiketten niet beschimmelen.

Beschimmelde kurken
In vochtige kelders kan schimmel doordringen tussen de kurk en capsule. Een beschimmelde kurk wijst niet op een bedorven wijn. Maar op de lange duur kan de schimmel de kurk week maken. De wijn dringt in de kurk en de inhoud in de fles neemt af. De enige remedie is: de wijn uitdrinken. Dit geldt ook voor flessen die lekken vanwege een slecht afsluitende kurk.

Altijd horizontaal
Wijnflessen worden liggend opgeslagen. De kurk moet door de wijn bevochtigd worden. Dit geldt voor rode en witte wijn en rosé. Kurken van flessen die jarenlang rechtop bewaard zijn, drogen uit (maar zelfs als de kurk rot is, kan de wijn dan geen kurksmaak krijgen.

De houdbaarheid van wijn

Men kan de houdbaarheid van wijn alleen maar schatten. In onderhavige tabel is de tijdspanne, waarin een wijn zich op de fles kan verfijnen, bij benadering aangegeven. Grote jaargangen zijn iets langer, mindere jaargangen iets korter houdbaar.

Witte wijn		Rode wijn	
Frankrijk		**Frankrijk**	
Muscadet	1- 2	Beaujolais Villages	1- 3
Bordeaux blanc	1- 2	Côtes du Roussillon	1- 3
Macon	2- 5	Coteaux du Languedoc	1- 3
Pinot gris (Elzas)	2- 8	Minervois	1- 5
Riesling (Elzas)	2-10	Corbières	1- 5
Graves	2-10	Anjou rouge	1- 5
Sancerre	2- 5	Bordeaux supérieur	1- 5
Pouilly fumé	2- 8	Bourgogne rouge	1- 5
Chablis premier cru	2- 8	Côtes du Rhône	1- 7
Meursault	2-10	Châteauneuf-du-Pape	2- 7
Puligny Montrachet	3-15	Beaune	3- 7
Oostenrijk		Chambertin	3-15
Grüner veltliner	1- 3	Bordeaux cru bourgeois	3-12
Riesling	1- 5	Bordeaux Saint-Emilion	3-20
Zwitserland		Bordeaux Pauillac	3-30
Chasselas (Vaud)	1- 3	Bordeaux premier cru	10-60
Italië		**Oostenrijk**	
Galestro	1- 2	Blaufränkisch (Burgenland)	1- 5
Prosecco	1- 2	Zwitserland	
Soave	1- 3	Blauer Burgunder	1- 5
Lugana	1- 3	Merlot (Ticino)	1- 5
Gavi	1- 3	**Italië**	
Zuidtiroolse witte wijn	1- 3	Kalterer See (Zuid-Tirol)	1- 3
Pinot grigio (Veneto)	1- 3	Valpollicella classico (Veneto)	1- 5
Orvieto (Umbria)	1- 3	Sangiovese di Romagna (Em.-Rom)	1- 5
Vernaccia di S.Gimignano (Tosc.)	1- 3	Barbera (Piemonte)	1- 5
Tocai (Friuli)	1- 5	Chianti classico (Toscane)	1- 7
Pinot bianco (Friuli)	1- 5	Vino nobile Montepulciano (Tosc.)	3- 8
Sauvignon (Friuli)	1- 5	Torgiano Riserva (Umbrië)	2-10
Duitsland		Brunello di Montalcino (Toscane)	3-12
Müller-Thurgau Q.b.A. (Rijnl.-P.)	1- 2	Barolo, barbaresco (Piemonte)	5-20
Silvaner (Rheinh.)	1- 2	**Duitsland**	
Grauer Burgunder (Baden)	1- 5	Dornfelder (Württemberg)	1- 3
Weisser Burgunder (Baden)	1- 5	Spätburgunder (Baden)	1- 7
Silvaner (Franken)	1- 5	**Spanje**	
Riesling spätlese (Rijn, Moezel)	2-15	Navarra	2-10
Spanje		Rioja	2-20
Rioja (wit)	1- 2	Vega Sicilia	2-25
Albarino	1- 3	**Californië, Chili, Australië**	
Californië, Australië		Zinfandel	1- 6
Fumé blanc	2- 5	Cabernet Sauvignon	3-15
Chardonnay	2- 8	Shiraz	3-15

kunnen de kurken uitdrogen. Als hij te vochtig is, beschimmelen de etiketten. Warme kelders in een nieuw gebouw met verwarmingsleidingen aan de muur zijn dus niet geschikt voor de bewaring van wijn. De keldertemperatuur is, ondanks de wijdverbreide opvatting, niet het belangrijkste punt. Ze moet wel tussen 8 en 18° C liggen. Belangrijker is wel dat er niet al te grote schommelingen plaatsvinden.

Zoals alle stoffen zet de wijn uit door de warmte en krimpt hij door de koude. Deze storing maakt een rustig rijpingsproces onmogelijk. Temperatuurverschillen van hooguit 3° tot 4° C tussen langdurige periodes, als tussen winter en zomer, zijn toelaatbaar. Dit alles geldt voor wijn die meerdere jaren moet rijpen. Als de bewaartijd kort is, hooguit een jaar, wordt de kwaliteit van de wijn niet aangetast door een verblijf op een warmere plek. Vanwege de frekwentie van de trillingen en de temperatuurschommelingen zijn koelkasten in geen geval geschikt voor het bewaren van wijn. Ideaal, maar duur, zijn speciale kasten en cellen met een aan wijn aangepaste klimaatregeling.

Alarmpeil

Hoe langer de wijn bewaard wordt, des te lager daalt het peil in de fles. Een slechte kurk, die te veel lucht doorlaat, kan de daling sterk doen toenemen. Het gevaar schuilt niet in het verlies van kwantiteit maar in het ruimere contact met de lucht aan de oppervlakte van de slinkende wijn. Hoe groter de oppervlakte die contact heeft, des te sneller oxydeert de wijn. Ook lang houdbare wijn verliest op die manier voortijdig zijn allure. Wie oude wijn koopt, moet zeker letten op het peil in de fles. Een te laag peil is een alarmpeil. Het geeft aan dat de wijn uitgeblust en ondrinkbaar is.

Als het peil van de wijn op de fles onder de flessehals zinkt, moet men de wijn meteen uitdrinken.

De kurk is de beste vriend van goede wijn

Ondanks herhaalde kritiek is de kurk de beste sluiting voor wijnflessen gebleken, zeker voor waardevolle kwaliteitswijn. Zijn voordelen wegen op tegen zijn nadelen. Eerst en vooral is hij zo elastisch dat hij zich aan de kleinste oneffenheden in de flessehals aanpast. Er kan geen vocht uit de fles lopen. Bovendien is de spanning in de kurk zo groot, dat er aan de buitenkant van de kurk niet eens lucht door de flessehals dringt. Anderzijds sluit de kurk de fles niet zo hermetisch af als een schroefdop of een kroonkurk. Door de celwanden heen is er een (minimale) doorstroming van lucht tussen het inwendige van de fles en de omgeving. Meer lucht heeft de wijn ook niet nodig. Hij mag immers niet op de fles oxyderen. Integendeel, hij moet zich langzaam verfijnen, waarbij er zo weinig mogelijk vocht mag verdampen.

Kurk is een organisch materiaal. Hij bestaat uit kleine, afgesloten cellen, die zo soepel zijn als een luchtkussen. Biologisch bekeken, gaat het om afgestorven houtcellen. Binnen in deze cellen bevinden zich reukloze gassen. De wanden van de cellen bestaan uit lignine (houtstof), cellulose en suberine. Suberine, de eigenlijk kurkstof, is een mengsel van onverzadigde vetzuren en esters. De celwanden laten ook na lange tijd slechts zeer weinig lucht door, althans zolang ze intact blijven. Een kurk gaat minstens 20 jaar mee, een hoogwaardige kurk zelfs langer. Pas na die tijd begint geleidelijk het verval. Daarom vervangen ernstige wijnhuizen na 25 jaar kosteloos de kurken van oude wijnflessen en vullen ze het verlies op de fles met jonge wijn aan.

De kurk heeft twee grote nadelen. Hij is duur en hij kan fouten vertonen. In het laatste geval bederft hij de geur en vaak ook de smaak van de wijn. De wijn wordt ongenietbaar. In een restaurant kan de klant de wijn weigeren. Maar de handelaar vervangt wijn met kurk niet. Hij vervangt de wijn misschien toch, als er in één doos drie of meer flessen met een slechte kurk zitten. Vandaag moet men rekenen met vijf procent slechte kurken. Jammer genoeg kan men van buiten af niet zien dat de kurk het laat afweten. De geur van de wijn is de eerste aanwijzing voor een slechte kurk. De wijn ruikt dan kurkachtig, muf en onderdrukt de fruitige aroma's. De onderkant van de kurk verspreidt die zelfde onaangename geur. Tegenover slechte kurken staat de wijndrinker machteloos.

De kurksmaak wordt veroorzaakt door een schimmel met de Latijnse benaming 'armillaria melleo'. Hij nestelt zich in de kurkschors van de boom en tast de cellen aan, die dan beginnen te rotten. Dergelijke kurkschors zou eigenlijk tijdig moeten afgedankt worden. Recente

1982 Château Mouton-Rothschild (Bordeaux).

1988 Château de Montesqieu, Roussillon (Frankrijk).

1991 Bürgerspital, Würzburger Pfaffenberg, Müller-Thurgau (Duitsland)

1990 Taja, Jumilla (Spanje).

1990 Cuvaison Chardonnay (Californië).

1989 Joseph Drouhin, Pommard, Les Bucherottes (Bourgondië).

1991 Soave classico superiore, Roberto Anselmi (Italië).

1992 Edmund Reverchon, Weisser Burgunder (Duitsland).

1991 Weingut Bründlmayer Chardonnay (Oostenrijk).

1991 Simon Maye, Fendant, Trémazières (Zwitserland).

Schors van de kurkeik in Portugal : kurk is schaars geworden.

onderzoeken hebben uitgewezen dat ook andere schimmels en bacteriën, die zich in de kelder van elke wijnproducent bevinden, verantwoordelijk kunnen zijn voor de kwalijke geur. Deze kunnen al gekurkte, opgeslagen flessen aantasten.

Hoe worden kurken vervaardigd ? Kurk wordt uit de schors van kurkeiken gesneden. Deze boom groeit haast uitsluitend in mediterraan gebied en heeft van alle bomen de dikste kurklaag. Een jonge, 20-jarige boom levert ongeveer 15 kilo kurk op, een 50-jarige ongeveer 45 kilo. De kurk wordt afgepeld en 6 tot 24 maanden bewaard. Nadien wordt hij in water gekookt om hem te desinfecteren en de tannine weg te spoelen. Daarna worden er kurken uit gesneden.

Verschil in kurken. De beste en duurste zijn kurken uit één stuk. Ze garanderen de grootste elasticiteit en gaan het langst mee. Met meerdere stukken verlijmde en uit geperste snippers bestaande kurken zijn harder en worden doorgaans voor goedkopere wijn gebruikt (met uitzondering van de champagnekurk die altijd uit snippers bestaat).

Beperkte voorraden. Door de toenemende produktie van wijn op flessen neemt de kurkeikvoorraad af.
De grondstof kan de vraag niet meer naar behoren volgen. Kurk wordt schaars. Dat brengt menig kurkproducent er toe minder streng dan vroeger toe te zien op de afkeuring van slechte schors. Gevolg is dat het aantal slechte wijnen toeneemt.

Elf kurken van verschillende wijnproducenten. Tien waren in orde. Eén bleek onbetrouwbaar te zijn. Toch is er uiterlijk niets aan te merken.

Genot zonder inspanning

De kurk uit de flessehals trekken, kan al even inspannend als vermoeiend zijn. Men moet goed materieel bij de hand hebben. De kurketrekker bestaat in vele uitvoeringen: kleine, handige, die het mogelijk maken zonder veel lichamelijke inspanning de kurk te verwijderen; onpraktische maar fraai gevormde design-modellen; plompe monsters; onooglijk uitziende maar vernuftige openers voor al wie niet louter op spierkracht staat.

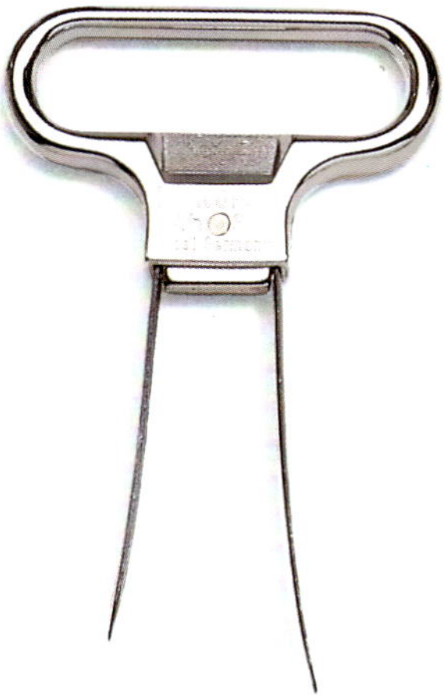

Wijnkoper-kurketrekker
De beide veren worden tussen de kurk en het glas geschoven. Ze drukken de kurk onderaan samen, zodat die makkelijk kan uitgetrokken worden. Men kan hiermee ook een fles (opnieuw) kurken.

Hefboomkurketrekker
Traditionele kurketrekker, vrij omslachtig in het gebruik. Men heeft zijn beide handen nodig om de vleugels naar beneden te drukken. De fles moet dus overeind staan.

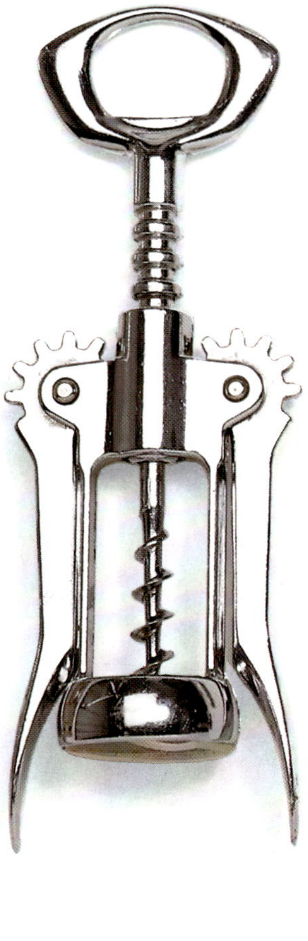

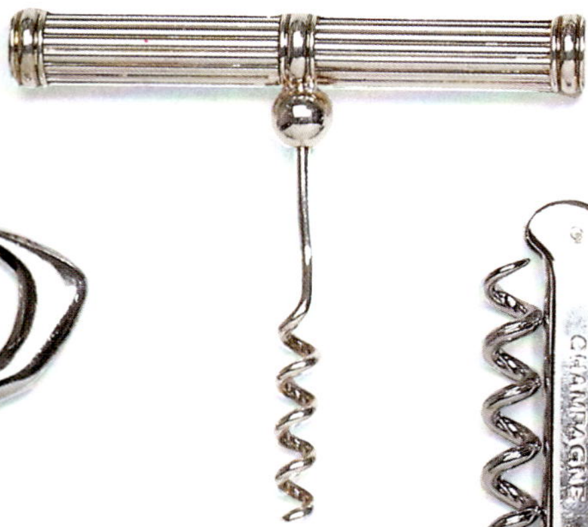

T-kurketrekker
Het eenvoudigste model, vaak met een design-handvat of met een handvat van wijnstokhout. Vergt veel kracht. Nadeel: de spiraal kan een stroeve kurk beschadigen.

Wijnkelner-kurketrekker
Men draait de spiraal zachtjes door de kurk. De arm wordt op de flesrand gezet en dient als hefboom bij het uittrekken van de kurk. Bij een lange kurk moet men de hefboom tweemaal gebruiken.

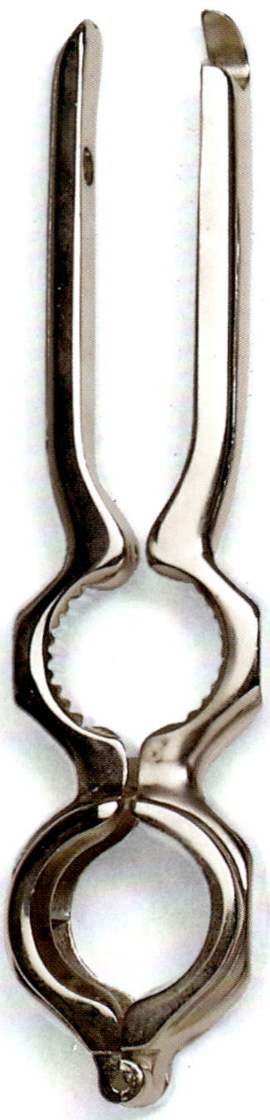

Champagnetang
Na het verwijderen van het muilkorfje wordt ze zo om de kurk gespannen die met geringe inspanning kan losgedraaid worden. De kurk kan men er daarna met de hand uittrekken.

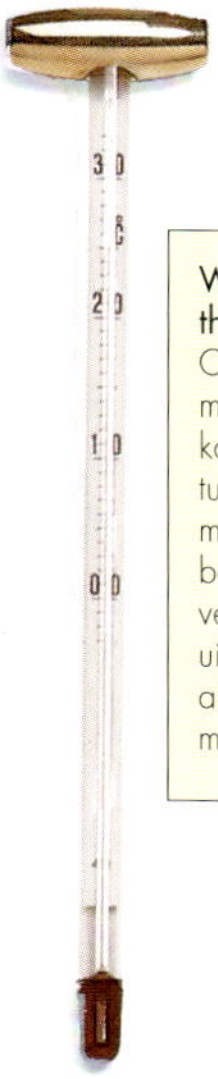

Wijn-thermometer
Onmisbaar hulpmiddel om de kamertemperatuur van wijn te meten. Hij bestaat in verschillende uitvoeringen, ook als mini-zakthermometer.

Klokkurketrekker
Beproefd, oud patent. Een beetje omstandig bij het aanbrengen op de hals. Trekt de kurk er heel vlot uit.

Screwpull
Een eenvoudig procédé, moeiteloos te gebruiken. Alleen het vastzetten vergt een beetje handigheid. Goed voor oude, verbrokkelende kurken.

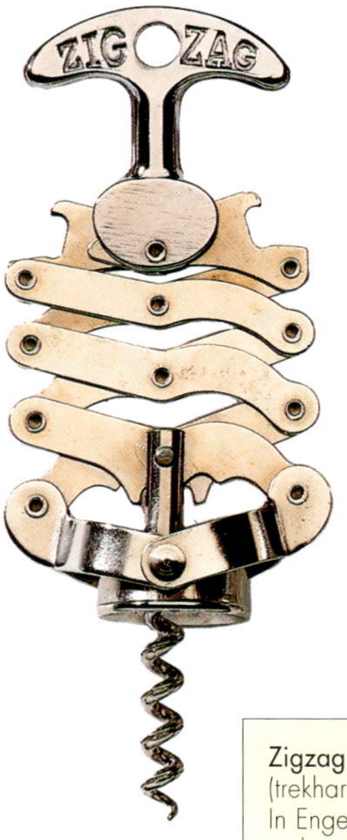

Zigzag
(trekharmonia)
In Engeland wijd verbreid. Onhandig. Moeilijk vast te zetten. Eens hij vastzit, kan de kurk er vlot uitgetrokken worden.

Hendel-kurketrekker
Kan dank zij d draaibare hend makkelijk vastg zet en in de ku gedraaid worden. Maar het uittrekken kost nogal wat krac

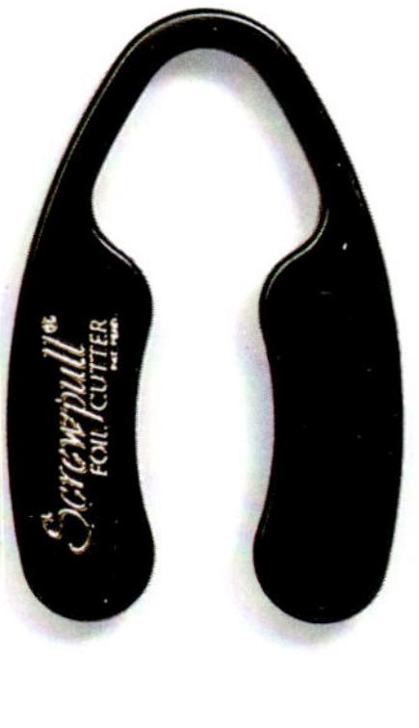

Capsulemes
Zeer praktisch en handzaam gerief. Wordt in de bovenste groef van de flessehals vastgezet en rondom de hals gedraaid, zodat de capsule in één beweging wordt losgesneden.

Champagnesluiting
Opdat het koolzuur niet uit een geopende champagnefles zou ontsnappen, wordt deze luchtdichte sluiting op de opening gezet en met een beugel vastgeklemd.

Goede wijnmanieren

Wijn vereist een goede behandeling, ook aan tafel. Dit wil zeggen : als de wijn op de juiste temperatuur is gebracht en een bijpassend glas klaar staat, moet de wijn ook nog correct geschonken worden. Daartoe zijn een aantal gebruiksvoorwerpen en accessoires nodig.

Maar de aanpak van de gastheer of -vrouw bij het schenken is ook belangrijk. De fles bij de hals vasthouden of bij het schenken op de rand van het glas leggen, is niet stijlvol. De correcte handelwijze is : eerst zichzelf een bodempje inschenken en proeven voor het geval de wijn kurksmaak zou hebben. Maar het is al even correct, een tafelgenoot te vragen om de wijn te proeven. Is die goed bevonden, dan wordt hij geschonken : eerst de dames, zichzelf als laatste bedienen. De gastheer of -vrouw zorgt voor het bijschenken. Daarbij schenkt men niet alleen zichzelf bij, maar men vraagt vooraf of iemand van de gasten nog een slokje lust.

Flessekoeler
In een flessekoeler uit aardewerk of polyacryl (glacette) blijft de wijn vrij lang op zijn begintemperatuur. Praktisch hulpmiddel om een te snelle overgang op kamertemperatuur te voorkomen.

Wijnmand
Deze korf wordt gebruikt voor rode wijn, die veel depot bevat. Dat zinkt tot bij de de bodem van de fles. De klare wijn kan dan zonder problemen geschonken worden. Hij bespaart de moeite van het decanteren.

Decanteren
Het decanteren is vooral bedoeld om oude rode wijn van zijn depot te ontdoen. Dat moet in de fles achterblijven, terwijl de wijn in een karaf terechtkomt. Met behulp van een kaars, die onder de flessehals staat, kan men merken wanneer het depot de hals bereikt en de handeling moet onderbroken worden. Tegenwoordig wordt ook veel jonge, krachtige, rode wijn en dito witte wijn gedecanteerd. Wijn moet ademen en bij het decanteren krijgt hij ademruimte.

Flessestaander
Naargelang van persoonlijke smaak en individuele tafelgewoonten kan men het wijnmandje door een metalen staander vervangen.

Champagnekoelemmer
Wordt allang niet meer alleen voor champagne gebruikt, maar ook voor witte wijn. De wijn krijgt in de met ijs of ijswater gevulde emmer zijn ideale koelte. Men mag de wijn niet te lang laten afkoelen. Ook rode wijn, die te warm is geworden, kan hierin weer op de juiste temperatuur gebracht worden.

Karaffen
Karaffen bestaan er in alle mogelijke uitvoeringen. Buikige karaffen met veel ademruimte voor de wijn zijn zeer geschikt voor jonge, rode wijn. Rijpere rode wijn schenkt men beter in slanke karaffen met weinig ademruimte, om oxydatie door intense blootstelling aan de lucht te voorkomen.

Decanteertrechter (filter)
Bij het decanteren kan men de kaars vervangen door de decanteertrechter. Hij vangt het depot op bij het overgieten, zodat men klare wijn kan schenken.

Druppelvanger
Praktisch hulpmiddeltje. Na het schenken loopt er al eens een druppel langs de fles naar beneden en laat een vlek achter op het tafellaken. Dit dingetje kan dat voorkomen.

Wijn drinkt men niet, van wijn geniet men

Door de eeuwen heen werd er al even veel aandacht geschonken aan het gerief waaruit men wijn drinkt als aan de wijn zelf.
Het moest genoeg wijn kunnen bevatten om niet alleen het verhemelte te strelen maar ook de dorst te lessen. Het moest er bovendien mooi uitzien. Het moest een bijdrage tot de tafelcultuur zijn. Aan één ding dacht men niet: de gevoeligheid van de smaakpapillen. Wijn werd opgezogen, opgeslurpt, opgezwolgen, maar slechts zelden genoten.

De functie van het glas. Nu het genot op de eerste plaats komt, neemt het belang van het wijnglas toe. De concentratie van de geur hangt in hoge mate af van de vorm van het glas.
In een smal, hoog glas, waarin men witte wijn schenkt, stijgt de geur op als in een schouw en bereikt hij in al zijn volheid de neus. In een glas met groot binnenoppervlak, kan de wijn rijkelijk ademen. Het contact met de lucht is ruimer. Voor de ontplooiing van het boeket van een zware rode wijn is dat heel belangrijk.
Voor de smaak geldt hetzelfde.
Uit een groot glas met een brede rand vloeit de wijn over een grote breedte de mond in en krijgt hij volop de kans over de tong te rollen. Aan de zijkanten van de tong bevinden zich de meeste smaakpapillen. Men krijgt de smaak van een aroma slechts ten volle te pakken, als men het juiste glas gebruikt. Een voor elke wijn geschikt glas bestaat niet.

Sherryglas
Taps toelopend, smal glas: mocht het binnenoppervlak ruimer zijn, dan zou vooral de alcohol en niet het fijne boeket tot recht zijn komen.

Portglas
Kleine maar niet nauwe kelk, aangepast aan de buitengewone volheid van de wijn, die veeleer smaak- dan geur-intensief is.

Schuimwijnglas
Glas voor waardevolle millésime-champagne en cuvées de prestige: het boeket en de volheid komen volledig tot hun recht.

Schuimwijnglas
Klassieke champagnefluit: de uitgerekte vorm maakt het mogelijk dat de wijn krachtig mousseert en dat het parelen goed te observeren is.

Rode-wijnglas
Traditioneel glas voor zware, rode wijn. De buikige vorm geeft de wijn ademruimte. De vernauwing bovenaan brengt het boeket in al zijn volheid bij de neus.

Rode-wijnglas
Klassiek, haast universeel glas voor tanninerijke rode wijn van allerlei herkomst: meer geschikt voor jonge dan voor oude rode wijn.

Dessertwijnglas
De grootte van de kelk is aangepast aan de kleine hoeveelheden waarin men van deze wijn geniet. Zuur en zoet komen meteen terecht op de gevoelige delen van de tong.

Rode-wijnglas
Op de bourgogneroemer geïnspireerd glas, dat vanwege zijn nauwe opening ook voor tanninerijke rode wijn uit andere streken geschikt is.

Elzassisch witte-wijnglas
Oogstrelend glas dat vanouds voor witte wijn uit de Elzas, maar ook voor Duitse wijn en Oostenrijkse Heuriger gebruikt wordt.

Design-glas
Eigenzinnig op eigentijdse tafelzeden afgestemd glas; de vorm kreeg voorrang; de kelk is helemaal niet functioneel.

Roemer
Duits, folkloristisch glas, zowel voor rode als voor witte wijn. Niet bijzonder handig, niet zeer smaakbevorderend, maar wel 'typisch'.

Witte-wijnglas
Klassiek witte-wijnglas, bruikbaar voor haast elke droge witte wijn; vanwege de niet zo kleine kelk zeer goed geschikt voor krachtige, volle wijn.

Het raffinement van de wijn

Jean-Anthelme Brillat-Savarin, auteur van het beroemde boek over de fysiologie van de smaak, bleef er zijn leven lang van overtuigd dat 'zonder de medewerking van de geur geen volkomen smaakervaring tot stand kan komen'. Hij had gelijk. Wat de wijndrinker ruikt, proeft hij ook. Nog beter: hij gelooft dat hij het proeft. Hoe een acaciabloesem of hout van een sigarenkistje smaakt, weet niemand, omdat niemand zoiets in de mond neemt. Maar haast iedereen weet hoe zoiets ruikt. En als de wijn over de tong rolt, stroomt de geur over de papillen de neuskeelholte in en roept in de slijmvliezen zintuiglijke ervaringen op die als het ware door de tong worden waargenomen.

Wat vertelt de geur? Het boeket is het meest geraffineerde bestanddeel van de wijn. Het aroma kan nooit zo complex worden als de geur, want uit de geur leidt men af of de wijn fris of flets, sterk (alcoholisch) of zwak, harmonisch of onevenwichtig is. Als het boeket niet behoorlijk is, zal de wijn maar zelden goed op de tong liggen.

Wijziging van het bouquet. Elk wijngeur heeft bepaalde basiseigenschappen. Die hangen af van de bodem, van het wijnstokras en van de assemblage. Het staat vast dat de geur verandert naarmate de wijn ouder wordt. De karakteristieke geuren komen niet meer zo puur over als in de prille periode van de wijn.

Chardonnay
Geurkarakteristieken: hazelnoot, limoen, vanille, karamel.

Silvaner
Geurkarakteristieken: aarde, reuzel, viooltjes.

Pinot grigio
Geurkarakteristieken: witte bloesems, groene appels, hooi, broodkorst.

Sancerre
Geurkarakteristieken: paprika, brandnetels, vuursteen, mos.

Champagne
Geurkarakteristieken: pompelmoes, krijt, brioche.

Riesling
Geurkarakteristieken: leisteen, perzik, mango, munt, petroleum.

Barbaresco, barolo

Geurkarakteristieken :
gedroogde rozen, kaneel, kruidnagel, sandelhout, teer.

Bordeaux

Geurkarakteristieken :
zwarte aalbessen, kaneel, vanille, cederhout, koffiebonen.

Chianti classico

Geurkarakteristieken :
kersen, aalbessen, braambessen, eucalyptus, verse twijgjes.

Côtes du Rhône

Geurkarakteristieken :
braambessenjam, blauwe pruimen, geroosterde amandelen, peper, tabak.

Rioja

Geurkarakteristieken :
kersenjam, boter, zwarte bessen, schellak.

Bourgogne

Geurkarakteristieken :
zwarte kersen, kaneel, versleten autobanden, boomwortels, kruidnagel.

Hoe belangrijk is de geur van de wijn ? De wijn mag zo heerlijk ruiken als hij wil, toch genieten de meeste mensen er pas echt van, als hij hun tong streelt of als ze voelen hoe lekker hij binnenloopt. Maar het grootste genot is weggelegd voor wie van beide kan profiteren, voor wie eerst de geur in zich opneemt en dan voelt hoe de geur zich omzet in aroma en het aroma nieuwe geursensaties oproept.

De beschrijving van de geur loopt dikwijls op bizarre woordenkramerij uit. Er worden woorden in de mond genomen als 'aardachtig', 'ranzig', 'ijzerachtig'. Er komt van alles aan te pas : 'gebrande koffiebonen', 'zadelleer', 'apotheken' ... Oude rode wijn ruikt steevast naar 'gedroogde paddestoelen' of naar 'port' en oude witte wijn zou vaak een 'petroleumgeurtje' hebben.

Fantasie en werkelijkheid. Bij de beschrijving van de geur wordt meer dan eens de grens tussen fantasie en werkelijkheid overschreden. Dit lijkt wel onvermijdelijk. Het gaat immers om associaties. Niet alle associaties roepen prettige beelden op. Het boeket van een wijn bestaat uit een ruim gamma van aparte geuren. Daar zullen er wel enkele bij zijn die velen niet zo prettig vinden. Niettemin kan het boeket als geheel werkelijk delicaat zijn.

Wijn is een kwestie van smaak maar smaak kan men vormen

Wie haring van kaviaar kan onderscheiden, zou eigenlijk ook in staat moeten zijn om wijn te proeven. Mensen die zeggen dat ze geen wijn kunnen proeven, ontbreekt het zelden aan talent. Want ieder gezond mens beschikt over de geëigende zintuiglijke middelen. Maar meestal ontbreekt het hen aan oefening of ervaring. Ze weten niet waar ze op moeten letten. Ze schrikken er voor terug om hun mening kenbaar te maken. Ze zijn niet in staat hun oordeel onder woorden te brengen.

Smaak is voor de meeste wijndrinkers beslissend bij goed- of afkeuring van wijn. Men neemt een slok uit het glas en proeft. Is hij fruitig of bitter, droog of zacht, mild of zachtzuur?
De tong kan ook niet veel meer registreren. Ze kan namelijk slechts vier smaakindrukken doorgeven: zoet, zuur, bitter, zout. De smaakzin van de mens is dus niet bepaald hoog ontwikkeld. Daar komt nog bij dat het aantal smaakknoppen op de tong (gemiddeld 2000) vermindert, naarmate men ouder wordt. Pasgeborenen hebben de meeste, bejaarden de minste smaakknoppen. Desondanks zijn oudere mensen vaak beter in het wijnproeven, omdat ervaring de doorslag geeft.

De geur van wijn komt in meer nuances tot ons dan de smaak. Men vermoedt dat de mens tussen 2000 en 4000 geuren kan onderscheiden. Hoewel hij het meest genoegen beleeft aan de smaak van de wijn in de mond, kan hij al evenzeer met de neus genieten. Er is meer: de mens herkent de weelde en de vele facetten van een wijn veel makkelijker door de geur dan door de smaak. Herhaaldelijk worden beide waarnemingen onderling verwisseld. Als de wijn in het keelgat vloeit, bereikt zijn geur door de neuskeelholte de neusslijmvliezen. De mens denkt dan dat hij iets proeft, hoewel hij eigenlijk alleen maar iets ruikt.

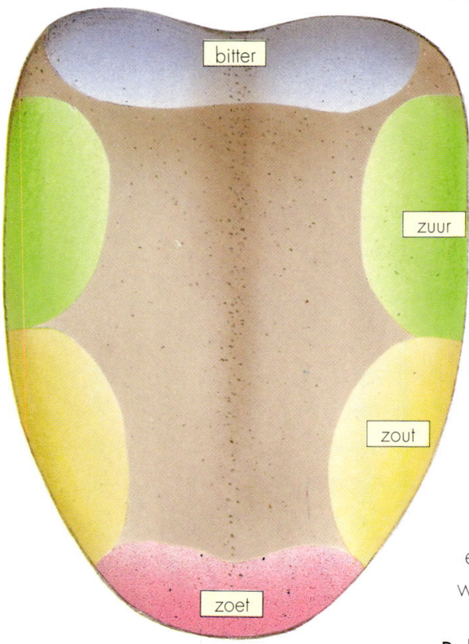

De tong kan slechts vier smaakindrukken onderscheiden: zoet (punt van de tong), zout (zijkant van de tong, naar het zoet toe), zuur (zijkant van de tong, naar het bitter toe), bitter (achteraan de tong).

De beoordeling van de wijn is het eindstadium van het proeven. Het gaat daarbij niet alleen om een subjectieve beoordeling van de smaak maar ook om de objectieve waarneming. Daar komt nogal wat bij kijken. Gaat het om een lichte of een krachtige, volle wijn? Is hij droog of zitten er nog zoete elementen in?

Ruikt hij naar perziken of naar appelen? Bezit hij veel tannines of juist niet? Toch zegt dit allemaal nog niets over de kwaliteit. Lichte wijn kan net zo goed zijn als krachtige wijn, halfdroge zo goed als droge. Perzikgeur is niet superieur aan appelgeur. Toch kan iemand een wijn die naar perziken ruikt, verkiezen boven een wijn met de geur van vers appelsap. Wie een volle, tanninerijke wijn verwacht, zal niet tevreden zijn met een lichte beaujolais, hoewel een ander wijndrinker daaraan wel de voorkeur geeft.

Roken en koffie drinken kunnen de reukzin aanzienlijk beperken. De neusslijmvliezen worden dermate geprikkeld, dat ze tijdelijk ongevoelig zijn voor andere prikkels. De duur hangt af van de intensiteit van de initiële prikkel. De waarneming van geuren wordt zo bemoeilijkt. Ook parfum en after shave zijn spelbrekers. De smaakzin lijdt minder onder roken en koffie drinken. De smaakknoppen herstellen zich al na circa 15 minuten.

Leidraad voor wijnproevers

Optische criteria

helderheid	belangrijk voor elke wijn, onzuiverheden wijzen op gebreken uitgezonderd depot
wijnsteen	geen invloed op de kwaliteit
glycerine	kleverige film op binnenwand van het glas: strepen dicht op elkaar = veel glycerine, volle wijn
depot	mag voor oudere rode wijn; aanwijzing dat er niet gefiltreerd werd
kleurschakering	rode wijn: bij hoge rijpheid iets lichter, oranje aan de randen witte wijn: bij hoge rijpheid naar het goudgeel neigend

Gebreken

koolzuur	wijn is nog fris; geen fout maar kan toch storend zijn
scherpe zuren	onwelriekend, melkachtig, blijkbaar vluchtige zuren
azijnachtig	scherpe geur, vaak bij oude uitgebluste wijn
zwavelig	enigszins scherpe geur als van afgestreken lucifers
maderisatie	oude, geoxydeerde wijn
kurk	kurkgeur, storende fout
stoofappel	jonge, onrijpe wijn, ongunstig
branderig	veel alcohol weinig 'body', ongunstig
te rijp	vermoeide wijn; met reeds oxydatietoetsen
sherrygeur	ouderdomstint van witte wijn, onprettig, nadelig
geoxydeerd	wijn zonder fruitigheid, ruikt als bouillonblokjes
spruitjeslucht, kool	
rotte eieren	aanslag op reukorgaan

Geurcriteria voor specifieke wijnen

Witte wijn

broodkorst	gist, bv. champagne
acacia, linde	veel jonge, pittige witte wijn, bv. pinot grigio
perzik, abrikoos	typisch voor rieslings uit de Moezelstreek
groene bladeren	bv. sancerre, witte graves
paprika	veel jonge, Italiaanse witte wijn, bv. gavi, pinot bianco, sancerre
peper	typisch voor grüner veltliner, komt voor bij andere soorten
vanille	typische geur van wijn die in een nieuwe barrique gerijpt is
schellak, olie	rijpe chardonnay, soms ook rijpe riesling
zwarte aalbessen	typische scheurebe- en sauvignongeur
rozen	typische gewürztraminergeur
honing	geur van veel zoete kwaliteitswijn of volrijpe droge wijn
droge vijgen	accent in menige grote, rijpe witte wijn
noten	geur in klasrijke witte bourgogne of champagne

Rode wijn

kersen, pruimen	in haast alle jonge rode wijn te vinden, bv. bourgognes
braambessen	te vinden in menige chianti
kruiden	typisch voor cabernet franc
zwarte aalbessen	typisch voor cabernet sauvignon
teer	typisch voor veel barolo's
boter	in menige niet volrijpe barriquewijn te vinden
geroosterde noten	menige bordeaux en in klein houten fust afgewerkte wijn
koffie	typisch voor wijn uit geschroeide houten vaten
chocolade	in veel zuiderse wijnen, bv. Châteauneuf-du-Pape, Taurasi
cederhout	menige bordeaux
gedroogde pruimen	oude bourgognes

Beoordelingscriteria

volheid	'body', samenspel van extract en alcohol levert volheid op; tegendeel: dun, mager
zwaarte	hoger resp. lager alcoholgehalte (zware resp. lichte wijn)
duur	hoe langer de smaak in de mond blijft, des te waardevoller is de wijn
fijnheid	subjectief: bv. teder-fruitig, vlotte tannine, veelzijdig-fruitig
harmonie	subjectief: verhouding body-alcohol, zoet-zuur, hout-fruit, rijp-onrijp enz.

Wijn en tafelgenot

Op de vraag welke wijn hij het liefst bij oesters zou drinken, antwoordde een Franse generaal een eeuw geleden: Château d'Yquem. Men hoeft het met deze man niet eens te zijn. Want één ding is zeker: de tijd van de conventies is voorbij.

De aloude regel van de huisvrouw 'dat witte wijn bij wit vlees hoort en rode wijn bij rood vlees' is achterhaald. Vandaag drinkt men zowel bij het ene als bij het andere rode wijn- of witte wijn wanneer het om klasrijke Auslesen, zelfs oudere rijpe champagne gaat. Het vlees doet er niet zoveel meer toe.

De saus is belangrijker. Zij bepaalt welke wijn precies bij het gerecht past of er helemaal niet bij past. Zware, romige sausen hebben een lichtjes karamelzoete smaak. Daarbij passen volmondige wijnen, om het even of ze rood of wit zijn. Lichte wijn met een hoog zuurgehalte is daar niet tegen opgewassen. Maar vleessaus kan best een witte wijn verdragen, als die zo krachtig en kruidig is als een riesling of een sauvignon. Ook gekookt rundvlees gaat uitstekend samen met een stevige grüner veltliner.
En spaghetti? Daar hangt het vooral af van de saus. Alla bolognese en chianti, perfect! Al pomodoro en een zuurhoudende rode barbera, schitterend!

Hiernaast vindt men enkele aanbevelingen voor de wijnkeuze bij verschillende gerechten. Het belangrijkste punt is: wat je lekker vindt, moet kunnen!

Bladsla met wit van gevogelte
Aanbevolen wijn:
droge riesling van Moezel of Nahe, lichte Toscaanse witte wijn, bourgondische aligoté.

Antipasta
Aanbevolen wijn:
galestro, prosecco, weißherbst of andere niet te aromatische rosés, Elzassische pinot blanc.

Spaghetti bolognese
Aanbevolen wijn:
jonge, fruitige chianti of sangiovese di Romagna, rode wijn van de Côtes du Roussillon, Californische zinfandel.

Scampi met kruidensaus
Aanbevolen wijn:
chardonnay (Australië, Californië), Elzassische gewürztraminer, Witte Côtes du Rhône, provençaalse rosé.

Vleesreepjes met rösti
Aanbevolen wijn:
stevige silvaner spätlese uit Franken, Cornalin uit Valais, blauburgunder uit Bünden, robuuste beaujolais.

Varkensgebraad met zuurkool
Aanbevolen wijn:
dolcetto uit Piemonte, blaufränkisch uit Oostenrijk, dornfelder uit Württemberg.

Rundcarpaccio

Aanbevolen wijn:
barbera uit Piemonte, jonge rode navarra (Spanje) of Zuidafrikaanse cabernet sauvignon.

Groentesoep

Aanbevolen wijn:
pinot grigio uit Veneto of Zuid-Tirol, witte rioja uit Spanje, welschriesling uit Oostenrijk.

Tortellini alla panna

Aanbevolen wijn:
lichte merlot uit Ticino, krachtige valpolicella classico superiore, sauvignon uit Friuli.

Gestoomde forel

Aanbevolen wijn:
grüner veltliner van de Wachau, chasselas van Vaud, grauburgunder van Baden of silvaner van Rheinessen.

Zalm in mousselinesaus

Aanbevolen wijn:
rijpe chablis premier cru of grand cru, robuuste riesling uit de Wachau, chardonnay uit Nieuw-Zeeland.

Kippeborst met morieljes

Aanbevolen wijn:
fumé blanc uit Australië of Californië, scheurebe uit de Pfalz, rode Saint-Emilion of cru bourgeois (Haut-Médoc).

Reeragoût in donkere saus

Aanbevolen wijn:
bourgogne van de Côte d'Or, tanninerijke spätburgunder van Baden, halfdroge riesling-auslese van Moezel- of Rijnstreek.

Kaas

Aanbevolen wijn:
geclassificeerde gewassen uit Bordeaux, rioja reserva especial; uitsluitend bij schimmelkaas, zoete kwaliteitswijn (sauternes en Duitsland).

Karamelpudding

Aanbevolen wijn:
Moscato d'Asti (Piemonte), Saumur (Loire), halfdroge crémant uit Bourgondië.

Wijndrinkers zijn genieters die voor hun gezondheid zorgen

Een uitspraak van Paracelsus is toepasselijk op wijn : 'Alleen de dosis bepaalt of iets niet giftig is.' Dit wil zeggen : alles is giftig, als de dosis te groot is. Ook wijn in een te grote dosis schaadt het organisme. Met mate genoten, oefent hij evenwel een weldoende werking uit, die van wijn één der gezondste voedingsmiddelen maken.

Alcohol. In wijn aangetroffen alcohol bestaat hoofdzakelijk uit hoogwaardige ethylalcohol. Lichte Duitse wijn of Portugese vinhos verdes bevatten slechts 70 tot 100 gram ethylalcohol per liter, zware Franse, Italiaanse of Spaanse wijn 120 gram en meer. De lever kan maximaal 10 gram alcohol per uur verwerken. Dus kan men makkelijk berekenen, hoe lang de afbraak van alcohol in het lichaam duurt.

Afbraak van alcohol. Als men langzaam drinkt, circa één glas per uur, kan de lever de verwerking nog aan. Bij snellere alcoholopname gaat het grootste deel van de alcohol onverwerkt door de lever en geraakt via de bloedsomloop in de hersenen. Naargelang van de hoeveelheid alcohol in het bloed treden er coördinatiestoornissen op. Elk organisme reageert anders op alcohol. Geslacht, leeftijd en fysieke toestand spelen een belangrijke rol. Bij zwaarlijvige mensen neemt de alcohol in het bloed sneller toe. De maatstaf is het watergehalte in het vetweefsel. Een volle maag vertraagt de opname van alcohol in het bloed. Champagne en andere schuimwijn versnellen de opname van alcohol in het bloed.

De lever. Als de lever niet overbelast wordt, dan schaadt regelmatig wijn drinken de gezondheid niet. De lever kan zich namelijk zeer snel herstellen. De Franse Academie voor Geneeskunde heeft de dagelijkse hoeveelheid alcohol, die een mens zonder bezwaar kan consumeren, bepaald op 1 gram per kilo lichaamsgewicht. Dit is bijvoorbeeld een fles wijn van 75 cl. met 11 Vol. % voor iemand die 70 kilo weegt. Dezer dagen zijn de artsen voorzichtiger met zulke boude uitspraken. Want de voeding en de levenswijze kunnen de tolerantiegrens al op een halve fles wijn per dag leggen. Rode of witte wijn, het maakt geen verschil uit. Wat telt, is de hoeveelheid alcohol.

De kater is een storing van de bloedsomloop en van de stofwisseling die optreedt na overdadig alcoholverbruik. De hoofdoorzaak is te vinden bij hoogwaardige alcohol, die naast ethylalcohol in wijn voorkomen. In goede wijn is de hoeveelheid minimaal (ca. 0,1 mg/liter) ; in slechte of vervalste wijn is de hoeveelheid vaak groter. Deze 'foezel' is vergif voor de bloedvaten. Hij werkt gedeeltelijk rechtstreeks op de zenuwcellen in. Ook het door elkaar drinken van wijn en andere alcoholica kan katerachtige functiestoornissen teweegbrengen.

Het calorieëngehalte van een wijn hangt in hoge mate af van het alcoholgehalte. Een fles droge wijn van 12 Vol. % bevat ongeveer 700 calorieën (bij zoete witte wijn komt daar de calorische waarde van de restsuiker bij). Dit stemt overeen met het aantal calorieën in zes eieren of zeven sneden droog brood. Wijn is dus niet bepaald voedzaam. Alcoholcalorieën zijn 'lege' calorieën. Het lichaam heeft eiwitten, koolhydraten en andere stoffen nodig. Maar iemand die naast de normale calorieëntoevoer van vaste voedingstoffen dagelijks een fles wijn drinkt, zou elke dag tien kilometer moeten joggen om de overtollige calorieën kwijt te raken.

Histamine. Wijn, vooral rode wijn, bevat histamine. Deze eiwitcomponent ontstaat in de wijn na de gisting door inwerking van bacteriën. In alcohol opgeloste histamine kan bij menigeen allergische verschijnselen als jeuk, hoofdpijn, zwellingen, hartkloppingen, misselijkheid, en in extreme gevallen zelfs leverbeschadiging veroorzaken. Histamine wordt verantwoordelijk geacht voor de onverteerbaarheid van bepaalde wijnen.

Zwaveligzuur. In haast elk wijn vindt men een klein beetje zwaveligzuur. Het bevordert de houdbaarheid. De keldermeester kan er niet buiten. Maar het is belastend voor het menselijk organisme. Het kan leiden tot hoofdpijn, onpasselijkheid of allergische reacties ; maar alle wetenschappelijke bevindingen wijzen uit dat dit slechts bij hoge dosissen mogelijk is. Aan een normale, droge kwaliteitswijn wordt 80 tot 100 milligram zwaveligzuur per liter toegevoegd. Het grootste deel daarvan wordt meteen door de wijn geneutraliseerd. Ongeveer 20 tot 50 milligram zwaveligzuur blijven actief. Schade treedt pas bij veel hogere hoeveelheden op. Zoete kwaliteitswijnen bevatten wel meer zwaveligzuur dan andere.

Suiker. Ook droge wijn is niet altijd uitgegist. Er kunnen dus altijd enkele grammen, nauwelijks te proeven restsuiker achterblijven. Dit kan vooral gebeuren bij champagne ('brut' is 'droog', zegt men, maar dat klopt niet volledig) en bij Duitse droge wijn (tot 9 g restsuiker is toegelaten). Deze suiker proef je nauwelijks, maar voor een diabeticus kan hij problemen opleveren. Wijn voor diabetici mag dus maximaal 4 gram restsuiker bevatten.

Het dagelijks glaasje rode wijn, dat de Fransen tot zich nemen, zorgt er waarschijnlijk voor dat in Frankrijk het aantal hartpatiënten lager is dan in andere landen.

De Franse paradox

Rode wijn is de beste remedie tegen cholesterol

Hoewel de Fransen veel vlees en kaas eten en in de Franse keuken boter, verse room en eieren een grote rol spelen, is het aantal hartinfarctlijders in Frankrijk beduidend lager dan in industrielanden met een vergelijkbare vettenconsumptie. Wetenschapslui hebben voor deze 'Franse paradox' een verrassende verklaring gevonden : de hoge wijnconsumptie per jaar in Frankrijk (per persoon 64 liter per jaar) en vooral dan het hoge verbruik van rode wijn. Vette kost bevat veel lipoproteïnen van de gevaarlijke soort LDL. Deze cholesterol zet zich vast op de binnenwand van de aderen en kan tot verstopping van de aderen en tot een hartinfarct leiden. De in rode wijn voorkomende fenolen, waartoe bv. de tannine behoort, gaan de oxydatie van de cholesterol tegen en voorkomen daardoor afzettingen in de aders. Bovendien bevordert rode wijn de vorming van de goedaardige HDL-cholesterol, die afzettingen in de aders afbreekt. Zo wordt de frekwentie van coronaire hartziekten waarschijnlijk verminderd door het regelmatig drinken van rode wijn.

Van fles naar glas

Wijndrinkers willen maar één ding: de kwaliteit van de wijn zo mogelijk feilloos van de fles naar het glas overhevelen. Dit is geen eenvoudige opgave, want wijn is een levende substantie. Hij is nooit voltooid en ontwikkelt zich gestadig verder, zelfs nadat de fles geopend is. Wijndrinkers moeten dus leren hoe ze met een bepaalde wijn moeten omgaan. Hier staat de volheid van het genot op het spel, niet de etiquette.

Schuimwijn behoorlijk ontkurken
Gewoonlijk zit een schuimwijnkurk stevig vast in de flessehals. Men haalt het muilkorfje weg en klemt de champagnetang om de kurk. Dan wrikt men tot de kurk iets losser komt te zitten. Daarna draait men hem er voorzichtig met de hand uit. Om te voorkomen dat de kurk er plots uit knalt en een deel van de wijn eruit spuit, zet men de fles vooraf enkele minuten overeind en zorgt men ervoor dat ze niet geschud wordt. De tang is bij elke champagnehandelaar te koop.

Verfijning op de fles

Elke wijn verfijnt gedurende een bepaalde tijd op de fles. Hoe groter de fles is, des te langzamer verfijnt de wijn, en hoe langzamer hij verfijnt, des te beter hij wordt.

Daarom wordt een deel van de wijn, die oud moet (en kan) worden, op grote flessen getrokken ten behoeve van liefhebbers en verzamelaars. Goede wijn in grote flessen heeft altijd een grotere waarde dan net dezelfde wijn in standaardflessen.

standaardfles	0,75 l	bordeaux
magnum	1,5 l	
dubbele magnum	3 l	
jéroboam	4,5 l	
impériale	6 l	
salmanazar	9 l	enkele grotere maten in champagne
balthasar	12 l	
nebukadnezar	15 l	

De juiste drinktemperatuur

Meestal wordt rode te warm en witte wijn te koud geserveerd. Is de wijn te koel, dan verliest hij veel van zijn smaak. Wordt hij te warm geschonken, dan treedt de alcohol te sterk naar voren.
Hoe brengt men wijn op de juiste temperatuur?
Zo mogelijk door hem langzaam te verwarmen (vanuit de kelder in een frisse kamer brengen) of hem langzaam af te koelen (in de koelkast, in de kelder, op het balkon, in de koelemmer met koud water en ijsklompjes zetten). Denk er om: niet in de microgolfoven of in het vriesvak stoppen!

8°C	gewone witte wijn en schuimwijn (landwijn, galestro, prosecco, soave, aligoté e.a.), sherry fino
8°-10°C	rosé, weißherbst, grüner veltliner, fendant, gewone riesling, grauburgunder, müller-thurgau e.a.
10°-12°C	speciale champagne, goede spumante en klassieke schuimwijn, chablis, sancerre, chardonnay, riesling (spätlese), Oostenrijkse smaragden e.a.
12°-14°C	zoete kwaliteitswijn, sauternes, zoete sherry, port, marsala
14°-16°C	madeira, gewone rode wijn (beaujolais, valpolicella, bordeaux supérieur, kalterer see, chianti e.a.)
16°C	Duitse spätburgunder, Elzassische pinot noir, blaufränkisch, zweigelt e.a.
16°-18°C	rode bourgogne, navarra, Chileense rode wijn, dôle, Zuidafrikaanse cabernets e.a.
18°C	volle rode wijn (rioja, chianti riserva, bordeaux, côtes du rhône, shiraz e.a.), zware rode wijn (barolo, brunello, châteauneuf-du-pape, Australische cabernets e.a.

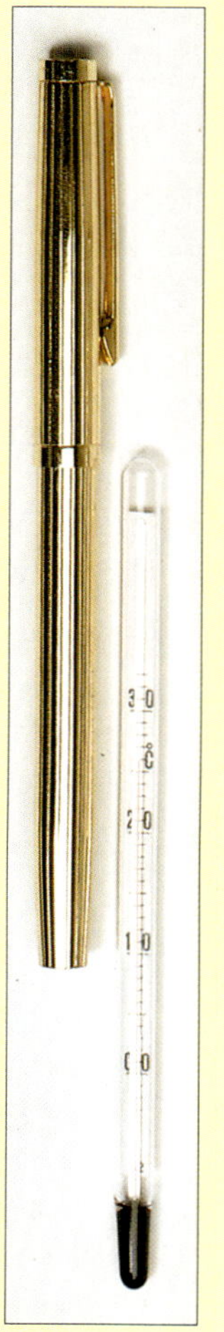

Wijnwetenswaardigheden

Moet op de etiket staan dat hij 'droog' is?	Neen.
Als er niet 'droog' op staat, is de wijn dan zoet?	In Duitsland meestal, in andere landen niet.
Speelt de jaargang overal een belangrijke rol?	In elke wijnstreek bestaan er verschillen van jaar tot jaar.
Mag men ook mindere jaargangen kopen?	Ja. De wijn is alleen minder vol en vroeger rijp.
Komt de beste wijn altijd uit Frankrijk?	Neen, maar wel veel van de beste wijn.
Drink je rode en witte wijn door elkaar?	Niet door maar na elkaar.
Moet de fles aan tafel opengemaakt worden?	Niet noodzakelijk.
Waar blijf je met de kurk?	Die kun je op het flesseschaaltje leggen.
Wat als de kurk afbreekt?	De kurketrekker voorzichtig opnieuw in de kurk draaien.
Wat als de kurk in de fles valt?	De wijn in een karaf overgieten.
Ruikt men het als wijn kurksmaak heeft?	Men ruikt en proeft het.
Waarop wijst wit gruis op de bodem van de fles?	Wijnsteen. Doet niets af aan de kwaliteit.
Welke wijn serveert men liggend in een mand?	Elke rode wijn met depot.
Wat is decanteren?	Wijn zorgzaam in een karaf overgieten.
Welke wijn decanteert men best?	Wijn met depot, wijn die moet ademen.
Smaakt wijn met depot goed?	Ja, maar drink het depot niet op.
Wat betekent depot?	De wijn werd niet gefiltreerd en gestabiliseerd. Positief.
Mag er prik in wijn zitten?	Jonge wijn, ja. Oudere, neen.
Hoe houdt men het glas vast?	Bij de steel, niet bij de kelk.
Hoe houdt men de fles vast?	Nooit bij de hals, altijd bij de buik en met het etiket zichtbaar.
Hoe schenkt men uit een 'Bocksbeutel'?	Men legt de fles plat en zet de duim op het etiket.
Is droge wijn beter dan lieflijke?	In beide soorten is er goede en slechte.
Kan wijn slecht worden?	Neen, maar wel ongenietbaar.
Is wijn waarvan je hoofdpijn krijgt slecht?	Neen. Sommigen verteren hem moeilijk.
Kunnen er zware metalen in wijn zitten?	Van een loden capsule wel, maar zelden of nooit van de wijngaard.
Hoe kan men zich tegen lood beschermen?	Door de loden capsule zo laag mogelijk weg te snijden.
Verteert witte wijn beter dan rode wijn?	Principieel niet.
Klopt het dat rode wijn bijtend is?	Neen.
Proeft men zwaveligzuur?	Neen, men kan het alleen ruiken.
Wat doet men met aangebroken flessen?	Afsluiten, op een koele plaats zetten, 's anderendaags leegdrinken.
Verpietert wijn die in een open fles staat?	Oudere wijn vaak, jongere zelden na één dag.

Hugh Johnson, Brits wijnauteur, directeur van het Château Latour en medeëigenaar van het Australische wijngoed Coldstream Hills

Wat betekent wijn voor u?
Johnson: 'Werk.'

En verder?
Johnson: 'Plezier, genot, cultuur.
Niet alleen voor mezelf, maar ook voor anderen is wijn iets spannends.'

Wat maakt wijn dan zo spannend?
Johnson: 'Nieuwe jaargangen, waar met spanning naar uitgekeken wordt. Nieuwe wijn, die de krantekoppen haalt. Nieuwe mensen, die plots op het toneel verschijnen. Met wijn verveel je je nooit.'

U heeft zelfs over een revolutie gesproken?
Johnson: 'In de jaren '70 en '80 heeft er een wijnrevolutie plaatsgevonden. De kwaliteit is dank zij de wetenschappelijke vooruitgang, nieuwe technische mogelijkheden en menselijke ambitie aanzienlijk verbeterd. De toekomst zal nog betere wijn brengen.'

Wat heeft die revolutie ontketend?
Johnson: 'Vooral de mededinging van nieuwe wijnlanden als Californië, Chili, Zuid-Afrika en Australië. Deze landen hebben de wijnwereld tot fellere inspanningen uitgedaagd. Weldra komen daar landen als Argentinië en China bij, en allicht binnenkort ook Oekraïne en Georgië.'

Waarin zijn deze landen sterker dan Europa?
Johnson: 'Zij zijn er in geslaagd ongecompliceerde klassewijn te produceren. De Europese wijn is vaak gecompliceerd.'

Zijn ook de wijndrinkers veranderd?
Johnson: 'Er zijn er andere bijgekomen. De nieuwe wijnliefhebbers hebben minder vooroordelen. Ze drinken wat ze lekker vinden, de ene dag dit, de andere dag dat. De wijndrinker van vroeger, die alleen zijn bordeaux, bourgogne of rheingau wilde, is niet meer representatief.'

Wordt er nu meer betere wijn gedronken?
Johnson: 'Topklasse-wijn trekt maar weinig publiek aan.'

Kan dat publiek zich uitbreiden?
Johnson: 'Jazeker. Maar het grote publiek wordt jammer genoeg afgeschrikt door een al te ingewikkeld wijnjargon.'

Wat moet er dan veranderen?
Johnson: 'De wijntaal moet duidelijker worden en de informatie op etiketten moet zich tot hoofdzaken beperken.'

Afdronk: smaak die na het doorslikken van wijn in de mond achterblijft; hoe langer de smaakt beklijft, des te beter dewijn.

A.C.: (Fr.) appellation contrôlée, vermelding van de herkomst ; afkorting van appellation d'origine contrôlée (A.O.C.).

Afwerking: rijping van wijn op houten fust of stalen tank.

Appelzuur: scherp zuur dat in wijn van mindere jaren wordt aangetroffen.

Assemblage: Vermenging van geselecteerde gelijkaardige wijnen, respectievelijk van dezelfde herkomst, in een wel bepaalde verhouding.

Azienda agricola: (It.) wijngoed, landbouwbedrijf.

Babo: (It.) maat voor het mostgewicht.

Balthasar: flesseformaat, inhoud 12 l, of 16 standaardflessen.

Barrique: klein eikehouten fust (inhoud 225 l).

BIN: Australisch nummeringssysteem voor het opslaan van wijnflessen in een kelder.

Bocksbeutel: plat-ronde fles voor frankenwijn.

Botrytis: 'edele rotting'; grauwe schimmel op druiven die bestemd zijn voor zoete kwaliteitswijn.

Brut: (Fr.) zogenaamd droge champagne waarin tot 15 gram suiker is toegelaten.

Cantina: (It.) wijnkelder, wijnhandel.

Cava: (Sp.) schuimwijn bereid vlg. de méthode traditionelle.

Chaptalisering: toegelaten toevoeging van suiker of mostconcentraat om het alcoholgehalte te verhogen.

Château: (Fr.) lett. kasteel; wijngoed.

Claret: (Eng.) Britse benaming voor rode bordeaux.

Clos: (Fr.) afgesloten, soms met een muur omringd wijngoed.

Crémant: schuimwijn met minder schuimvorming dan andere schuimwijnen.

Cru: (Fr.) wijn van één welbepaalde plaats, gewas.

Cuvée: (Fr.) 1°, Versnijden van gelijkaardige wijnen, resp. wijnen van dezelfde herkomst; 2°, bij het persen eerst weglopend en hoogwaardig deel van de most.

Cuvier: (Fr.) gistkuip.

Decanteren: met zorg uit de fles overgieten van wijn in een karaf.

Dégorgement: (Fr.) het verwijderen van depot uit een champagnefles na de gisting op fles; het depot wordt bevroren en kan daarna makkelijk verwijderd worden.

Depot: Bezinksel van wijn die gerijpt is op de fles; teken van hoge kwaliteit.

Diabetici, wijn voor - : wijn met niet meer dan 4 g restsuiker.

D.O.: (Sp.) Denominación de Origen, aan controle onderhevige vermelding over de herkomst van wijn.

D.O.C.: (It.) Denominazione di Origine Controllata, aan controle onderhevige vermelding over de herkomst van de wijn. Ook in Spanje en Portugal.

Domaine: (Fr.) landelijk wijngoed.

Doorgegist: wijn zonder restsuiker, zeer droog.

Dosage: (Fr.) mengsel van wijn en suiker (soms wijnacohol en suiker) toegevoegd aan schuimwijn om zijn smaak af te ronden.

Droesem: onzuiverheden in pas gegiste wijn.

Droog: meer of minder doorgegiste wijn (in Duitsland mag een zogenaamd 'droge' wijn tot 9 gram restsuiker bevatten).

Extract: bestanddelen van de wijn die na het verdampen van het water overblijven, bv. hoogwaardige alcohol, zuren, mineralen en suiker.

Fattoria: (It.) boerderij, wijngoed.

Federspiel: (D.) technische term uit de Wachau voor wijn met verhoogd mostgewicht, staat ongeveer gelijk met 'Kabinettwein'.

Finesse: (Fr.) fijnheid, verfijning, elegantie van wijn.

Firne: (D.) typisch Duitse term voor uitgeleefde, overrijpe, licht oxyderende wijn.

Fränkisch trocken: (D.) Duitse wijnterm: wijn met maximum 4 gram restsuiker, uit Franken.

Frizzante: (It.) licht mousserende wijn, vaak vanwege toevoeging van koolzuur.

Gemadeiriseerd: fel geoxydeerd.

Halfdroog: in Duitsland tot 18 gram restsuiker, bij champagne (extra-sec) tot 20 gram.

Herkomst: zie 'Appelation'.

Heuriger: (D.) 1°, Oostenrijkse jonge wijn; 2°, wijnlokaal.

Impériale: grote fles, inhoud 6 liter (8 standaardflessen).

Jéroboam: grote fles van 4,5 liter; inhoud van 6 standaardflessen.

Kloon: twijg die door enting een nieuwe loot van een wijnstok wordt.

Kloonselectie : keuze van wijnstokken volgens hun speciale eigenschappen.

Klosterneuburger Mostwaage (KMW) : (D.) In Oostenrijk gebruikt instrument om het suikergehalte in most te bepalen.

Lessenaar : rek met schuin geplaatste planken waarop men champagneflessen plaatst om het depot naar de kurk te laten zakken.

Licht : met weinig 'body', weinig alcohol.

Magnum : grote fles van 1,5 liter (2 standaardflessen).

Malolactische gisting : melkzuurgisting, omzetting van appelzuur in melkzuur.

Melkzuur : door bacteriën opgebouwd zuur (zie 'Malolactische gisting').

Méthode traditionelle : klassiek procédé voor gisting van schuimwijn op de fles.

Méthode-Charmat : gisting in tanks, vereenvoudigde bereiding van schuimwijn.

Méthusalem : grote fles van 6 liter (8 standaardflessen) bij champagne.

Most : suikerrijk sap dat bij het kneuzen en persen van druiven wordt opgevangen.

Mostgewicht : (D.) suikergehalte van de most ; wordt in Duitsland en Zwitserland uitgedrukt in graden Öchsle.

Mousseren : opwellen van schuim bij champagne en andere schuimwijn.

Nagisting : 1°, verder gisten van rode wijn na het oversteken ; 2°, ongewenste gisting van wijn op de fles.

Neus : term voor de geursensaties bij het wijn proeven.

Oeil de perdrix : Zwitserse benaming voor rosé.

Overhevelen, overheveling (ook oversteken, oversteking) : wijn op een andere kuip of tank oversteken om (bij rode wijn) de schillen af te voeren of om (bij witte wijn) de gist te verwijderen.

Passito : (It.) met ingedroogde druiven bereide dessertwijn, ook strowijn genoemd.

Pièce : (Fr.) klein eikehouten, Bourgondisch fust, inhoud 228 liter.

Pipe : (Eng.) pijp, sherryvat, inhoud ong. 500 liter.

Predikaat : classificatie van Duitse en Oostenrijkse kwaliteitswijn, bepaald door het suikergehalte in de most o.a. spätlese, auslese...

Q.b.A. (Qualitätswein bestimmter Anbaugebiete) : Duitse kwaliteitswijn uit welbepaalde gebieden ; laagste hiërarchie voor kwaliteitswijn in Duitsland.

Remuage : (Fr.) draaien en tillen van op fles gistende champagne (zie 'Lessenaar').

Reserva : (Sp.) lang rijpende wijn ; de vereiste rijpingsduur verschilt van streek tot streek.

Riserva : (It.) lang rijpende wijn ; zie reserva.

Salmanazar : grote fles van 9 liter (12 standaardflessen) voor champagne.

Schillerwein : Duitse rosé, samengesteld op basis van blauwe en witte druiven ; deze Württembergse rosé noemt men ook 'Rotling'.

Schuimwijn : verzamelnaam voor champagne, sekt, spumante en andere mousserende wijn.

Smaragd : hoogste kwaliteit van wijnen uit de Wachau (Oost.).

Solera : jaargang-assemblage bij sherry, marsala en andere likeurwijnen ; het in het vat verdampte gedeelte wordt aangevuld met wijn van recentere jaren.

Spumante : (It.) schuimwijn.

Steinfeder : (D.) predikaat van wijn uit de Wachau (Oostenrijk) ; vergelijkbaar met de Duitse Q.b.A..

Steinwein : (D.) wijn uit de wijngaard Würzburger Stein ; meer algemeen, wijn uit Franken.

Tafelwijn : laagste categorie volgens Europese wijnnormen ; wijn onderworpen aan geringe kwaliteitseisen.

Tannine : looistof of looizuur. Vooral in rode wijn. Bitter, schurend op de tong. Met de jaren afnemend. Zorgt voor goede conservering van de wijn ; verleent hem kracht en complexiteit.

Versterkte wijn : wijnalcohol wordt toegevoegd aan wijn om de gisting stop te zetten.

Vinificatie : wijnbereiding.

Vintage : (Eng.) millésime, jaargang.

V.Q.P.R.D. : (Fr.) Vins de Qualité Produits dans des Régions Déterminées ; Europese norm voor kwaliteitswijn uit een welomschreven gebied.

Weißherbst : (D.) Duitse benaming voor rosé uit een blauw druiveras gemaakt.

Wijnsteen : uitgekristalliseerd wijnzuur op de bodem van een fles ; beïnvloedt de smaak niet.

Verantwoording illustraties

Isabella Berr 72; **FoodPhotography Eising** 7, 8/9, 12, 28/29, 30, 31, 32, 36/37, 35, 44, 46, 47, 65, 66/67, 70/71, 72/73, 74/75, 76/77, 78/79, 80/81, 82/83, 86/87, 90/91; **Alan Ginsburg,** 5, 11; **Sebastian Hänal** 7, 23, 25, 26/27, 37, 34, 35, 39, 44, 45, 47, 60/61, 63, 64, 65, 68, 75, 92; **Guido Mangold** 38(u), 42, 48/49; **Anna Neumann** 67; **Irmgard Paule** 13, 14/15, 27, 34/35, 50/51, 54, 57, 84/85; **Guiseppe Pera** 39; **Edition Priewe** 7, 38; **Jörg Reuther** 92; **Christian Rischert** 29, **Hans Wolf,** 6, 69; **Agence Scope** 6, 20/21, 22, 24, 31, 37, 40, 46, 52/53, 58/59, 62, 63, 66; **Bilderberg** 45, 82/83; **Vinum-Verlag, Zürich** 16-19, 41, 45; **Tonystone Bilderwelten** 88/89.